全本全注全译丛书

中华经典名著

石磊◎译注

商君书

中华书局

图书在版编目（CIP）数据

商君书/石磊译注. —2 版. —北京：中华书局，2022.3
（2025.1 重印）
（中华经典名著全本全注全译丛书）
ISBN 978-7-101-15649-2

Ⅰ.商… Ⅱ.石… Ⅲ.①商鞅变法②《商君书》-译文③《商君书》-注释 Ⅳ.B226.22

中国版本图书馆 CIP 数据核字（2022）第 033977 号

书　　名	商君书	
译 注 者	石　磊	
丛 书 名	中华经典名著全本全注全译丛书	
责任编辑	王守青	
装帧设计	毛　淳	
责任印制	管　斌	
出版发行	中华书局	
	（北京市丰台区太平桥西里 38 号　100073）	
	http://www.zhbc.com.cn	
	E-mail:zhbc@zhbc.com.cn	
印　　刷	北京盛通印刷股份有限公司	
版　　次	2011 年 10 月第 1 版	
	2022 年 3 月第 2 版	
	2025 年 1 月第 23 次印刷	
规　　格	开本/880×1230 毫米　1/32	
	印张 6¼　字数 150 千字	
印　　数	316001-356000 册	
国际书号	ISBN 978-7-101-15649-2	
定　　价	20.00 元	

目　录

前言 ………………………………………… 1

更法第一 ……………………………………… 1

垦令第二 ……………………………………… 9

农战第三 ……………………………………… 24

去强第四 ……………………………………… 37

说民第五 ……………………………………… 47

算地第六 ……………………………………… 56

开塞第七 ……………………………………… 68

壹言第八 ……………………………………… 76

错法第九 ……………………………………… 81

战法第十 ……………………………………… 87

立本第十一 …………………………………… 91

兵守第十二 …………………………………… 94

靳令第十三 …………………………………… 98

修权第十四 …………………………………… 105

徕民第十五 …………………………………… 110

刑约第十六（佚） …………………………… 119

赏刑第十七 …………………………………… 120

画策第十八 …………………………………… 130

境内第十九 ·················· 140

弱民第二十 ·················· 148

御盗第二十一（佚） ·················· 156

外内第二十二 ·················· 157

君臣第二十三 ·················· 161

禁使第二十四 ·················· 165

慎法第二十五 ·················· 169

定分第二十六 ·················· 174

前　言

　　商鞅是中国历史上家喻户晓的人物，提到他人们便会首先联想到"商鞅变法"，商鞅变法作为战国时期最彻底的一次变法，是被历代改革家们屡屡援引的变法成功的范例。

　　商鞅是卫国公子的儿子，姓公孙，人们称他公孙鞅或卫鞅，后来因为他率秦国军队打败了魏国，秦孝公把商（今陕西商州）这个地方赐给他，封号"商君"，后人便习惯于叫他"商鞅"。商鞅受李悝、吴起等人的影响很大，"少好刑名之学"，形成了以法治国的认识。公元前361年闻秦孝公求贤令，便携带李悝的《法经》到秦国去，几经磋谈，得到秦孝公重用，遂"变法修刑，内务耕稼，外劝战死之赏罚"（《史记·秦本纪》）。周显王十三年（前356）和十九年（前350）先后两次实行变法。

　　商鞅在秦国执政近二十年，使偏居中国版图西北角落、一度被"以夷狄视之"的秦国一跃跻身于富强国家之列，后世遵循其法，逐渐在诸雄争霸中处于优势地位，一百多年后秦始皇统一中国与商鞅变法奠定的坚实基础不无联系。

　　商鞅推行变法，为取信于民，也颇动了一番脑筋。变法令下达后，商鞅以三丈高的木头置于国都南门，悬赏"十金"将木头搬到北门，但没人相信会有这样的好事。他又将赏金加到"五十金"，终于有人前来尝试，果然得到了赏金，百姓始相信其法令言而有信。又值太子犯法，商鞅惩罚了他的师傅公子虔和公孙贾。后公子虔又犯法，商鞅施以割鼻之刑。这一赏一罚，在秦国起到了震慑的效果，是秦国上下都能奉公守法的重要原因。但商鞅执法严明也触犯了许多权贵，秦孝公死后，商鞅遭公子虔等贵族诬害，最终被车裂而死。

千百年来，人们对商鞅及其变法褒贬不一。秦朝的李斯说："孝公用商鞅之法，移风易俗，民以殷盛，国以富强，百姓乐用，诸侯亲服，获楚、魏之师，举地千里，至今治强。"（《史记·李斯列传》）司马迁说："商君，其天资刻薄人也。"（《史记·商君列传》）司马迁所言"刻薄"是指斥商鞅的严刑峻法，这是立足儒家思想的认识。但同时司马迁也承认商鞅变法使秦国出现了"家给人足"、"乡邑大治"的景象。苏轼《商鞅论》认为"秦之所以富强者，孝公务本力穑之效，非鞅流血刻骨之功也"，则否认秦国的富强是商鞅的功劳。《史记集解》引《新序》曰："今卫鞅内刻刀锯之刑，外深铁钺之诛，步过六尺者有罚，弃灰于道者被刑，一日临渭而论囚七百余人，渭水尽赤，号哭之声动于天地，畜怨积仇比于丘山。"指责商鞅的刑罚过于残酷，杜甫《述古诗》"秦时任商鞅，法令如牛毛"也抱怨商鞅执法过于严苛。北宋的改革家王安石则在《商鞅》一诗中感叹："自古驱民在信诚，一言为重百金轻。今人未可非商鞅，商鞅能令政必行。"可谓千古功罪自有后人评说。

商鞅变法的思想主要记载于《商君书》中，下面我们就来了解一下《商君书》。

《商君书》又称《商君》、《商子》，是法家学派的代表作之一，在战国后期颇为流行，《韩非子·五蠹》说："今境内之民皆言治，藏商、管之法者家有之。"但《商君书》中《更法》、《错法》、《徕民》等多篇涉及商鞅死后之事，显非出自商鞅之手。《四库全书总目提要》云"殆法家流，掇鞅余论，以成是编"，此书应是商鞅及其后学的著作汇编，其中着重论述了商鞅一派的变法理论和具体措施。此书现存26篇，其中2篇有目无书。

《商君书》首先解决了变法的理论支撑问题。《更法》、《算地》、《修权》诸篇都举尧舜禹治国方法不一，而天下皆称圣王，以古论今说明"三代不同礼而王，五霸不同法而霸"，"治世不一道，便国不必法古"的道理。《开塞》则从人类社会发展的不同阶段入手，论证根据不同的社会情况就要采取不同的统治方法。"圣人不法古，不修今。法古则后于时，修今则塞于势。"从而说明只有变法革新，才能使国家富强兴盛。"治世不一道，便国不必法古"、"不法古，不修今"是商鞅倡导变法的名言。

《商君书》在具体的变法措施上有一些概念贯穿始终，下面我们择要介绍几个：

首先是"壹"。"壹"就是统一、专一。"壹"在《商君书》中出现的频率比较高，内涵比较丰富。如"壹赏，壹刑，壹教"（《赏刑》）是说君主在上要有统一的政策和措施；"上壹而民平"（《垦令》）、"身作壹"（《农战》）是说君主要将法令贯彻始终如一；"意必壹"、"民壹意"（《垦令》）是说要使民众的思想统一；"国作壹一岁者，十岁强；作壹十岁者，百岁强；作壹百岁者，千岁强"（《农战》）、"圣人治国也，审壹而已矣"（《赏刑》）、"圣王之治也，慎法、察务，归心于壹而已矣"（《壹言》），是说"壹"在治国中的重要意义。

其次是"农战"。农战就是农业与军事，《商君书》中有关重农重战的论述最多。关于农战的意义在《农战》中有集中论述："国之所以兴者，农战也。""国待农战而安，主待农战而尊。"农业是国家的根基命脉，为此《垦令》提出了20项措施，都是抑制百业，使国内的民众全体投身开荒种地。不仅如此，《徕民》还出台优惠政策，吸引邻国的民众前来务农。军事是国家强弱的晴雨表，所谓"入其国，观其治，民用者强"，商鞅以为治兵的理想状态是"民之见战也，如饿狼之见肉"（《画策》）。《兵守》表明，军队分为壮男、壮女、老弱三军，可见当时的秦国全民皆兵，民众平时务农战时应征，形成农战结合的战略。《商君书》的《战法》即专门研究战术，《兵守》则探讨了守城防御作战的原则和方法，其对军事的重视可见一斑。

其次是"法"。"法"是法式、法律。在法家学派里商鞅尤其重视法。《定分》云"法令者，民之命也，为治之本也"，《商君书》强调以法治国，而排斥儒家的礼义教化，斥儒家仁义道德为"六虱"（见《靳令》）。法令的制定以重刑轻赏为原则，用严刑驱使民众从事农战，杜绝犯罪，即所谓"以刑去刑"、"以法去法"。《去强》说："重罚轻赏，则上爱民，民死上。"法令的推广透明清晰，《定分》规定各级政府均设专司法律的官吏，他们负责对法律的解释和推广，如有失误或不耐心解答就治罪。法令普及就能够形成上下监督的机制；法令的执行绝不姑息，这样就使大臣不敢枉法营私，民众不会违法乱国。

《商君书》中既有宏观的理论阐述，也有细致的法令、军规。其中有一些内容对今人有一定借鉴意义，如"不宿治"的提法，既能够提高政府的办事效率，又起到了不给奸吏枉法以可乘之机的作用；《禁使》指出不能让利益一致的人互相监督，利益一致的人互相监督，只能使罪恶掩藏而得不到揭露。《商君书》中也有些内容在今天看来是不可取的，如愚民政策、重农轻商的观点等等，从历史发展的经验看，这些措施只能救一时之弊，而不能支撑社会的长期可持续发展。

《商君书》因不是出于一手，故其体例杂芜。如《更法》为论辩体，《农战》、《画策》、《外内》是政论体，《垦令》、《战法》、《境内》则纯是法规条文。从风格来看，其多数篇章语言风格冷峻、朴实无华，体现了法家务实的特点。但也有些篇章运用一些修辞手法，颇具文学色彩。如《徕民》以"齐人有东郭敞"设喻，《禁使》以驺虞和马设喻，等等，贴切而又风趣，增强了说理的效果，我们从中似乎可以捕捉到战国纵横家的影子。

《商君书》历来号称难读，一方面是此书文笔古奥，阅读时有一定文字障碍，加上流传过程中脱文错简十分严重，索解尤难。另一方面商鞅学说与儒家思想背道而驰，在汉武帝以后"独尊儒术"的风气下，法家渐趋沉寂，加上近世学术界有"《商君书》精义较少，欲考法家之学，当重

《管》、《韩》而已"(吕思勉《先秦学术概论》)的认识,使学者对其整理和研究重视不足。

清人孙星衍、严可均、钱熙祚等人都对《商君书》作过校释,但文字句读仍难完全订正,其中严可均的《商君书校》"稍稍可读",遂成为通行本。而俞樾、孙诒让、于鬯、陶鸿庆等人的学术笔记中所涉《商君书》校勘注释亦颇多创见,不容忽视。近世有王时润《商君书斠诠》、朱师辙《商君书解诂》、陈启天《商君书校释》、简书《商君书笺正》、蒋礼鸿《商君书锥指》、高亨《商君书注译》、章诗同《商君书》等,是今人阅读《商君书》的必备之书。本书以严可均校本为底本,凡底本讹脱衍误之处,依据其他版本或综合前人校勘成果径改,不出校记。

《商君书》文字虽然不多,但内容庞杂,其中涉及经济、政治、军事、法治等等诸多重大问题,可谓洋洋大观,欲究其竟,还需细细品读原文。因学识有限,在注译中难免有妄测古人之处,敬请读者朋友指正。

石　磊

2011 年 9 月

更法第一

【题解】

更法，即变法。春秋后期，秦国的社会经济发展已落后于山东诸国。秦孝公登基之时"周室微，诸侯力政，争相并。秦僻在雍州，不与中国诸侯之会盟，夷翟遇之"（《史记·秦本纪》）。于是，秦孝公发奋图强，任用商鞅变法强国。由于变法触动了旧贵族阶层的特权和既得利益，遭到守旧势力的阻挠。本篇记载了秦国以商鞅为代表的革新派与以甘龙、杜挚为代表的守旧派围绕变法与否展开的激烈争论。商鞅极力鼓舞秦孝公不畏流俗，尽快实行变法。他指出建立礼法的目的是"爱民"、"便事"。所以，只要是强国利民的礼法制度就可以施行。针对保守派的质疑，商鞅以"三代不同礼而王，五霸不同法而霸"的历史事实说明变法才能图强，以"前世不同教，何古之法？帝王不相复，何礼之循"，反驳因袭守旧的迂腐之论，大胆断言"反古者未必可非，循礼者未足多是"，促使秦孝公下定变法决心。本篇是存世《商君书》中唯一一篇论辩形式的文章，文中商鞅以古论今，在对前代历史演绎归纳、分析综合的基础上得出令人信服的结论，在滔滔雄辩中一展他的治世之才。因而，本篇也是《商君书》中的著名篇章。

孝公平画^①，公孙鞅、甘龙、杜挚三大夫御于君^②。虑世事之变③,讨正法之本④,求使民之道⑤。

【注释】

①孝公:秦孝公。姓嬴,名渠梁。公元前361—前338年在位。平画:商讨,谋划。

②甘龙、杜挚:皆为秦孝公时大臣,其事迹不详。御:侍奉,陪侍。

③虑:思虑,谋划。

④正:修正。

⑤使民:统治人民,使其服从自己。

【译文】

秦孝公同大臣商讨强国大计,公孙鞅、甘龙、杜挚三位大夫陪侍在孝公的左右。他们分析社会形势的变化,研究修正法制的根本原则,寻求统治人民的方法。

君曰:"代立不忘社稷①,君之道也;错法务明主长②,臣之行也。今吾欲变法以治,更礼以教百姓③,恐天下之议我也④。"

【注释】

①代立:接替君位。社稷:分别指土神和谷神。古时君主都重视祭祀社稷,后来就用社稷代表国家。

②错法:订立法度。错,通"措"。明:彰明。长:权威。

③教:教化。

④议:批评。

【译文】

秦孝公说:"接替先君的位置做了国君后不忘国家社稷之事,这是国君应当奉行的原则;订立法度务必显示出国君的权威,这是做臣子的行为准则。现在我想要通过变法来治理国家,改变礼制来教化百姓,却又担心天下的人批评我。"

公孙鞅曰:"臣闻之:'疑行无名,疑事无功①。'君亟定变法之虑②,殆无顾天下之议之也③。且夫有高人之行者,固见负于世④;有独知之虑者,必见骜于民⑤。语曰:'愚者暗于成事⑥,知者见于未萌⑦。''民不可与虑始,而可与乐成。'郭偃之法曰⑧:'论至德者不和于俗,成大功者不谋于众。'法者,所以爱民也;礼者,所以便事也⑨。是以圣人苟可以强国,不法其故;苟可以利民,不循其礼。"

孝公曰:"善!"

【注释】

①疑行无名,疑事无功:语出《战国策·赵策二》,原作"疑事无功,疑行无名"。疑行、疑事即"疑于行"、"疑于事",谓做事犹豫不决。

②亟:快,尽快。

③殆:表示希望的语气副词。无:通"毋",不要。议:议论,此指非议。

④负:背,背离,不赞同。

⑤骜(áo):借为"謷",嘲笑。

⑥暗:看不见,不明了。成事:已成之事。

⑦知:同"智"。

⑧郭偃:晋文公时大臣,掌卜筮之事,曾辅佐晋文公变法。

⑨便:方便,便利。事:做事,处理政务。

【译文】

公孙鞅说:"我听说:'行动迟疑不定就不会有什么成就,办事犹豫不决就不会有什么功效。'国君应当尽快下定变法的决心,不要顾虑天下人批评您。何况做出比他人高明的行为的人,一向会被世俗所非议;有独特见解的人,也会遭到周围人的嘲笑。俗语说:'愚笨的人在事成之后还不明白是怎样成功的,聪明的人却能预见到那些还没有显露萌芽的迹象。''百姓是不可以同他们讨论去开创某件事的,而只能够同他们一起欢庆事业的成功。'郭偃的法书上说:'追求崇高道德的人不去附和那些世俗的偏见,成就大事业的人不去同众人商量。'法度,是用来爱护百姓的;礼制,是为了方便办事的。所以圣明的人治理国家,如果能够使国家富强,就不必去沿用旧有的法度;如果能够使百姓得到益处,就不必去遵循旧的礼制。"

孝公说:"好!"

甘龙曰:"不然。臣闻之:'圣人不易民而教^①,知者不变法而治。'因民而教者,不劳而功成;据法而治者,吏习而民安^②。今若变法,不循秦国之故,更礼以教民,臣恐天下之议君,愿孰察之^③。"

【注释】

①易:改变。民:当指民俗,"不易民"与下文"不变法"对举。

②习:熟悉。

③孰:同"熟",仔细认真。察:思考。

【译文】

甘龙说:"不是这样。我也听说这样一句话:'圣明的人不去改变百姓的旧习俗来施行教化,聪明的人不去改变旧有的法度来治理国家。'

顺应百姓旧有的习俗来实施教化的,不用费什么辛苦就能成就功业;按照旧有的法度来治理国家,官吏驾轻就熟,百姓也安适。现在如果改变法度,不遵循秦国旧有的法制,更改礼制教化百姓,我担心天下人要批评国君了,希望君王认真考虑这件事。"

公孙鞅曰:"子之所言①,世俗之言也。夫常人安于故习②,学者溺于所闻③。此两者,所以居官而守法④,非所与论于法之外也。三代不同礼而王⑤,五霸不同法而霸⑥。故知者作法,而愚者制焉⑦;贤者更礼,而不肖者拘焉⑧。拘礼之人不足与言事,制法之人不足与论变。君无疑矣。"

【注释】

①子:对他人的尊称,通常指男性。

②常人:守常道不变的人。

③学者:指读书人。溺:沉溺,此指拘泥。

④居官:居于官位。

⑤三代:指夏、商、周三个朝代。王(wàng):称王。

⑥五霸:即春秋五霸,一般指齐桓公、宋襄公、晋文公、秦穆公、楚庄王。后一"霸"字作动词,称霸。

⑦制:控制,被控制。

⑧不肖者:指没有作为的人。

【译文】

公孙鞅说:"您所说的这些话,正是世俗的言论。守旧的人固守旧的习俗,死读书的人局限于他们听过的道理。这两种人,只能用来安置在官位上遵守成法,却不能同他们讨论变革旧有法度的事情。夏、商、周这三个朝代礼制不相同却都能称王于天下,春秋五霸各自的法制不同却能称霸诸侯。所以聪明的人能创制法度,而愚蠢的人只能受法度的约束;贤能的人变革礼制,而无能的人只能受礼制的束缚。受旧的礼制制约的人不能够同他商讨国家大事,被旧法限制的人不能够同他讨论变法。国君不要迟疑不定了。"

杜挚曰:"臣闻之:'利不百,不变法;功不十,不易器。'臣闻:'法古无过,循礼无邪①。'君其图之②!"

【注释】

①邪:同"斜",偏斜。

②图:思考。

【译文】

杜挚说:"我听说过这样的话:'如果没有百倍的利益,不要改变法度;如果没有十倍的功效,不要更换使用的工具。'我还听说:'效法古代法制不会有过错,遵循旧的礼制不会有偏差。'希望国君对这件事仔细考虑。"

公孙鞅曰:"前世不同教①,何古之法? 帝王不相复②,何礼之循? 伏羲、神农教而不诛③,黄帝、尧、舜诛而不怒④,及至文、武⑤,各当时而立法⑥,因事而制礼。礼、法以时而定,制、令各顺其宜⑦,兵甲器备各便其用。臣故曰:治世不一道,便国不必法古。汤、武之王也⑧,不循古而兴⑨;殷、夏之灭也⑩,不易礼而亡。然则反古者未必可非,循礼者未足多是也⑪。君无疑矣。"

【注释】

①教:政教。

②复：重复。

③伏羲：古代传说中的三皇之一。风姓。相传伏羲始画八卦，创造
文字。又教民渔猎畜牧，取牺牲以供庖厨，因而被称为庖牺。神
农：古代传说中的三皇之一，农业和医药的发明者。教：教化。
诛：惩罚。

④黄帝：传说中的五帝之一。姓公孙，居轩辕之丘，故号轩辕氏。
尧：传说中的五帝之一。帝喾之子，本名放勋。舜：传说中的五
帝之一。姚姓，名重华。原始时代有虞氏的部落首领，故又称虞
舜。诛而不怒：施用刑罚却不过分，意谓量刑适当。怒，超过。
谓超过其罪行。

⑤文：指周文王。商代末年西方诸侯之长，建国于岐山。行仁政，
使岐周国力日强。武：指周武王，文王之子。他联合庸、蜀、羌等
部族，打败了商纣王，建立了西周王朝。

⑥当(dàng)：顺应。

⑦宜：事，事宜。

⑧汤：商汤。子姓，商族部落首领。任用伊尹灭掉夏桀，建立商朝。
武：指周武王。

⑨循：遵循。

⑩殷：朝代名，即商朝。公元前16世纪商汤灭夏所建，因商王盘庚
迁都至殷地而得名。公元前11世纪为周武王所灭。夏：朝代
名，相传夏后氏部落首领禹之子启建立，是我国历史上第一个奴
隶制国家，改禅让制为世袭制。约公元前16世纪为商所灭。

⑪是：正确。

【译文】

公孙鞅说："以前的朝代政教各不相同，应该去效法哪个朝代的古
法呢？古代帝王的法度不相互因袭，应该遵循哪一种礼制呢？伏羲、神
农施行教化不施行惩罚，黄帝、尧、舜虽然施行惩罚但却量刑适当，到了

周文王和周武王的时代,他们各自顺应时势而建立法度,根据国家的具体情况制定了礼制。礼制和法令都要根据实际情况来制定,法条、命令都要顺应当时的社会事宜,就像兵器、铠甲、器具、装备的制造都要方便使用一样。所以我说:治理国家不一定都用一种方式,对国家有利不一定非要效法古代。商汤、周武王称王于天下,并不是因为他们遵循古代法度才兴旺的;殷朝和夏朝的灭亡,也不是因为他们更改旧的礼制才覆亡的。既然如此,那么违反旧的法度的人不一定要予以谴责,遵循旧的礼制的人不一定值得大加肯定。国君对变法的事就不要迟疑了。"

孝公曰:"善!吾闻'穷巷多怪①,曲学多辨②'。愚者笑之,智者哀焉;狂夫乐之,贤者丧焉。拘世以议,寡人不之疑矣。"于是遂出《垦草令》③。

【注释】

①穷巷:地处偏僻的里巷。

②曲学:囿于一隅之学。辨:通"辩",争辩,谓固执己见。

③《垦草令》:秦孝公颁布的法令,内容是督促鼓励农民开垦荒地,详见下篇。

【译文】

孝公说:"好!我听说'从偏僻小巷走出来的人爱少见多怪,学识浅陋的人多喜欢争辩'。愚昧的人所讥笑的事,正是聪明人所感到悲哀的事;狂妄的人高兴的事,正是有才能的人所担忧的事。那些拘泥于世俗偏见的议论言词,我不再因它们而迟疑了。"于是,孝公颁布了《垦草令》。

垦令第二

【题解】

垦令,即开垦荒地的法令。据《商君书·更法》,商鞅变法推行的第一道法令,就是《垦草令》。但今之研究者多认为本篇非《垦草令》原文,而只是商鞅关于垦荒的建议和方案。本篇提出了有关垦荒的二十条措施及对措施的论证和解释。各条措施之间没有严密的逻辑关系,归纳起来主要有:整顿吏治、统一法规使百姓不被不良官吏盘剥,从而稳定民心;通过提高赋税的手段,迫使高门贵族的子女、依附他们的食客和仆役去务农;限制经营项目、提高经商的赋税,使经商无利可图,迫使人们放弃经商的念头;控制百姓的居、行、言论、意志,使他们心无旁骛只知耕种。很明显,垦令的目的是对社会生活的各个方面加以限制,迫使人民去从事农业生产。奴隶社会时期,粮食在国家安全中尤其有着举足轻重的作用,商鞅抓住了这一强国的根本问题。其中一些措施,对于中国社会重农抑商的传统,产生了重大影响。鼓励政策少,强制手段多,显示出商鞅高调变法的作风。

无宿治①,则邪官不及为私利于民②,而百官之情不相稽③。百官之情不相稽,则农有余日④。邪官不及为私利于民,则农不败⑤。农不败而有余日,则草必垦矣。

【注释】

①无：通"毋"，表示禁止的副词。宿(sù)：隔夜的，此指拖延。

②邪官：有私心的官吏。

③情：事情。稽：滞留。

④余日：空闲。

⑤败：毁坏，此指农民被盘剥。

【译文】

不允许官吏拖延政务不办，那样有私心的官吏就找不到机会到百姓那里谋求私利，大臣之间的公务就不会拖延。大臣之间的公务不拖延，那么农民就会有空闲时间。有私心的官吏没有机会到百姓中谋私利，那么农民就不会受到盘剥。农民不受到盘剥又有空闲时间，那么荒地就一定能得到开垦了。

訾粟而税①，则上壹而民平②。上壹则信③，信则官不敢为邪。民平则慎④，慎则难变。上信而官不敢为邪，民慎而难变，则上不非上，中不苦官⑤。上不非上，中不苦官，则壮民疾农不变⑥。壮民疾农不变，则少民学之不休⑦。少民学之不休，则草必垦矣。

【注释】

①訾(zī)：衡量，计算。粟：一种粮食作物，北方通称"谷子"，去皮后称"小米"。古代泛称谷类。

②壹：统一，一致。

③信：明确。

④慎：通"顺"，心情舒畅。

⑤苦：担忧。

⑥壮民：指老一辈的人。疾：积极。

⑦少民：指少一辈的人。

【译文】

根据粮食的产量来收取田赋，那么国家的政策统一，而百姓感觉公平。国家的政策统一了，就使百姓对政策有明确的认知；百姓对政策有明确的认知，大臣便不敢谋私利。百姓觉得公平，就会心情舒畅；百姓心情舒畅，就不会生出异心。国家的田赋制度明确而官吏不敢谋私，百姓心情舒畅而不易生出异心，那么百姓上不会对君主不满，中间不会担忧官吏的盘剥。百姓上不对君主不满，中间不担心官吏的盘剥，那么老一辈的人就会积极从事农业生产不改做其他行业。老一辈的人积极从事农业生产，那么后代的人一定会一辈接一辈地效仿前人。后代不断地效仿前人积极务农，那么荒地就一定能得到开垦了。

　　无以外权任爵与官①，则民不贵学问，又不贱农②。民不贵学则愚，愚则无外交。无外交，则国安而不殆③。民不贱农，则勉农而不偷④。国安不殆，勉农而不偷，则草必垦矣。

【注释】

①外权：古代指其他诸侯国的权势、势力。任：任用。

②贱：轻视。

③殆：危险。

④勉：努力。偷：怠惰。

【译文】

不允许因外国的势力给某些人封官晋爵，那样百姓就不会看重学问，也不会轻视农业。百姓不认为有学问尊贵，就会愚昧；百姓愚昧没有见识，就不会到外国交游。百姓不到外国交游，那么国家就没有危险。百姓不轻视农业，就会努力生产而不怠惰。国家没有危险，百姓尽力从事农业生产不怠惰,那么荒地就一定能得到开垦了。

禄厚而税多,食口众者①,败农者也。则以其食口之数,赋而重使之②,则辟淫游惰之民无所于食③。无所于食则必农,农则草必垦矣。

【注释】

①食口:指依附贵族的食客。

②赋:收税。使:指徭役。

③辟淫游惰之民:指游手好闲之徒。辟,邪。

【译文】

士大夫贵族的俸禄丰厚而收取的租税又多,食客数量众多,这是有损农业生产的。那就要根据他们豢养的食客的人数,收取赋税并从重役使他们,那么这些游手好闲的人就没有地方混饭吃。这些游手好闲的人没处混饭吃,就一定会去务农;他们都去务农,那么荒地就一定能得到开垦了。

使商无得粜①,农无得籴②。农无得籴,则窳惰之农勉疾③。商无得粜,则多岁不加乐④。多岁不加乐,则饥岁无裕利⑤。无裕利,则商怯⑥。商怯,则欲农。窳惰之农勉疾,商欲农,则草必垦矣。

【注释】

①粜(tiào):卖出谷物。

②籴(dí):买进谷物。

③窳(yǔ)惰:懒惰。窳,偷懒。

④多岁：丰年。乐：乐岁之乐，指可观的收入。

⑤饥岁：荒年。裕：充裕，此指多余。

⑥怯：担忧，顾虑。

【译文】

下令商人不准卖粮食，农民不准买粮食。农民不准买粮食，那么懒惰的农民就会积极努力从事农业生产。商人不准卖粮食，到了丰年就不能牟取丰厚的利润。丰年没有丰厚的利润，那么荒年更没有过多的利润可图。没有厚利可图，那么商人就会有顾虑。商人有顾虑，就会想去务农。懒惰的农民努力从事生产，商人也想去务农，那么荒地就一定能得到开垦了。

　声服无通于百县①，则民行作不顾②，休居不听③。休居不听，则气不淫④；行作不顾，则意必壹⑤。意壹而气不淫，则草必垦矣。

【注释】

①声服：淫声异服。百县：古指国都近郊各地。

②行作：行走劳作。顾：观看。

③休居：居家休息。"行作不顾，休居不听"互文见义。

④淫：精神涣散。

⑤壹：专一。

【译文】

不允许淫声异服在各郡县流行，那么农民在外出劳作时就不会看见奇装异服，在家里休息时就听不到靡靡之音。休息时听不到靡靡之音，那么他的精神就不会涣散；到田间劳动时看不见奇装异服，那么他的心思一定会专心在农业生产上。心思专一而且意志不涣散，那么荒地就一定能得到开垦了。

无得取庸^①，则大夫家长不建缮^②。爱子不惰食^③，惰民不窳，而庸民无所于食，是必农。大夫家长不建缮，则农事不伤。爱子惰民不窳，则故田不荒。农事不伤，农民益农，则草必垦矣。

【注释】

①庸：同"佣"，雇佣。

②家长：即家主，春秋时对卿大夫的称谓。建：建筑。缮：修葺房屋。

③爱子：指大夫、家主的子女。

【译文】

不准许雇用佣工，那么大夫、家主就不会建院修屋。他们那些娇养的儿女无法不劳而食，懒惰的人也不能偷懒，那些靠给人作佣工生活的人就没有地方混饭吃，这样他们就一定去务农。大夫、家主不建院修屋，那么农业生产就不会受到妨害。卿大夫的儿女和懒惰之人不再偷懒，那么原本归他们种的农田就不会撂荒。农业生产不会受到妨害，农民更加努力从事农业生产，那么荒地就一定能得到开垦了。

废逆旅^①，则奸伪、躁心、私交、疑农之民不行^②。逆旅之民无所于食，则必农。农则草必垦矣。

【注释】

①逆旅：旅馆客舍。

②奸伪、躁心、私交、疑农之民：分别指奸猾、心思活泛、喜欢四处交游、不专心务农的人。

【译文】

取缔旅馆,那么奸邪伪诈、心思活泛、私下交游、不专心务农的人就不会外出四处周游。那些开旅馆的人没有办法谋生,那么他们一定会去务农。这些人都去务农,那么荒地就一定能得到开垦了。

壹山泽①,则恶农、慢惰、倍欲之民无所于食②。无所于食,则必农。农则草必垦矣。

【注释】

①壹:统一,意谓收归国有。

②倍欲:指贪念十足。

【译文】

国家统一管理山林、湖泽,那么讨厌务农、怠慢懒惰、贪欲十足的人就没有吃饭的营生。没有吃饭的营生,那么一定会去务农。这些人都去务农,那么荒地就一定能得到开垦了。

贵酒肉之价,重其租,令十倍其朴①。然则商贾少②,民不能喜酣奭③,大臣不为荒饱④。商贾少,则上不费粟⑤;民不能喜酣奭,则农不慢⑥;大臣不荒饱,则国事不稽⑦,主无过举⑧。上不费粟,民不慢农,则草必垦矣。

【注释】

①朴:指成本。

②商贾(gǔ):商人。

③酣奭(shì):谓饮酒过度。酣,半醉。奭,盛,过多。

④荒饱:指大吃大喝。荒,放纵。

⑤商贾少，则上不费粟：此句谓卖酒肉的商人少，酿酒和平日大吃
　大喝浪费的粮食就少。

⑥慢：怠慢。

⑦稽：滞留，拖延。

⑧过举：错误的举措。

【译文】

　　抬高酒肉等奢侈品的价钱，加重收取这些东西的赋税，让赋税的数量高出它的成本十倍。如果这样的话，那么卖酒、肉的商人就会减少，农民也就不能尽情饮酒作乐，大臣也就不会大吃大喝。经商的人少了，那么从源头上就不会浪费粮食；农民不能纵情饮酒作乐，那么农业生产就不会被怠慢；大臣不大吃大喝，那么国家的政事就不会被拖延，君主也就不会有错误的举措。源头上不浪费粮食，农民不怠慢放松农业，那么荒地就一定能得到开垦了。

　　重刑而连其罪①，则褊急之民不讼②，很刚之民不斗③，怠惰之民不游，费资之民不作④，巧谀、恶心之民无变也⑤。五民者不生于境内，则草必垦矣。

【注释】

①重刑：加重处罚力度。连其罪：即连坐。

②褊(biǎn)急：心胸狭隘、性情急躁。讼：争嚷。

③很刚：凶残暴戾。很，"狠"的古字。

④费资之民：指奢侈浪费的人。作：做某事，此指挥霍。

⑤巧谀：花言巧语。恶(è)心：心怀叵测。变：变诈。

【译文】

　　加重处罚力度，并且建立连坐制度，那么那些心胸狭隘、性格暴躁的人就不敢争吵斗嘴，凶狠强悍的人便不再敢打架斗殴，懒惰的人也

不敢到处游荡，奢侈浪费的人也不敢再挥霍，善于花言巧语、心怀叵测的人就不敢再进行欺诈。这五种人在国内不任意胡来，那么荒地就一定能得到开垦了。

使民无得擅徙^①，则诛愚^②。乱农之民无所于食而必农^③。愚心躁欲之民壹意，则农民必静^④。农静诛愚，乱农之民欲农，则草必垦矣。

【注释】

①徙：迁徙，搬家。

②诛愚：愚昧。

③乱：扰乱，不安心。

④静：稳定，没有其他想法。

【译文】

让百姓不能随便搬迁，那么他们就会愚昧迟钝。而那些不安心务农的人就失去混饭吃的地方，一定会去务农了。愚昧无知、性情浮躁的人也能专心从事农业生产了，那么农民就一定会安心务农。农民安心务农又愚昧迟钝，不安心务农的人也想去务农，那么荒地就一定能得到开垦了。

均出余子之使令^①，以世使之^②。又高其解舍^③，令有甬官食^④，概^⑤。不可以辟役^⑥，而大官未可必得也，则余子不游事人^⑦，则必农。农则草必垦矣。

【注释】

①余子：指奴隶主贵族、卿大夫嫡长子以外的子弟。

②世：指出身。

③解舍：免除兵役和徭役。

④有：取。甬官：掌管徭役的官吏。

⑤概(gài)：量米时将米刮平，使米与量器口平齐的工具。引申为刮平，不使过量。

⑥辟：通"避"，逃避。

⑦游：游历他处。事人：指作高门的家臣，以求逃避徭役。

【译文】

统一发布有关卿大夫、贵族嫡长子以外子弟担负徭役赋税的法令，根据他们的出身让他们服徭役。提高他们免除服徭役的条件，让他们从掌管徭役的官吏那里领取粮食，而不多付给粮食照顾他们。不可能逃避徭役，也不能通过游历结交权贵而做大官，那么那些子弟就不再四处游历投靠权贵，而一定会去务农。这些人去务农，那么荒地就一定能得到开垦了。

国之大臣诸大夫，博闻、辩慧、游居之事①，皆无得为；无得居游于百县，则农民无所闻变见方②。农民无所闻变见方，则知农无从离其故事③，而愚农不知，不好学问。愚农不知，不好学问，则务疾农。知农不离其故事，则草必垦矣。

【注释】

①辩慧：巧辩。游居：周游。

②变：通"辩"。方(páng)：广博。

③知：同"智"，有头脑。故事：旧事，旧业。

【译文】

国家的大臣诸大夫们，不准做那些提高闻见、辩论、周游居住外乡之类的事；不准许到各郡县去居住游说，那么农民就无从听到奇谈怪论增广见闻。农民没有地方听到奇谈怪论增广见闻，那么有头脑的农民就没有办法脱离他们原本从事的农业，而那些愚昧的农民就会无知，不喜欢学问。愚昧的农民无知，不喜欢学问，那么就会积极务农。有头脑的农民不脱离他们原来所从事的农业，那么荒地就一定能得到开垦了。

令军市无有女子①，而命其商令人自给甲兵，使视军兴②。又使军市无得私输粮者，则奸谋无所于伏③，盗粮者无所售④，输粮者不私稽⑤，轻惰之民不游军市。盗粮者无所售，送粮者不私稽，轻惰之民不游军市，则农民不淫⑥，国粟不劳⑦，则草必垦矣。

【注释】

①军市：军中的市场。

②兴：动向。

③伏：隐藏。

④售：卖出去。

⑤稽：贮存。

⑥淫：惑乱。

⑦劳：损耗。

【译文】

命令军队的市场上不准有女子，还要命令军内市场上的商人自己给军队准备好铠甲兵器，让他们时刻关注军队军事行动的动向。要让军队内部的市场不能有私自运输粮食的人，那么那些打粮食主意的举动就没办法隐藏，偷盗军粮的人没有地方卖出去，运粮食的人也不能私藏粮食，那些轻浮懒惰的人就不到军中市场上游荡。偷盗军粮的人没有地方卖出去,运送粮食的人无法私自储存,轻浮懒惰的人不到军中市场游逛,那么农民就不会被迷惑,国家的粮食就不会损耗,荒地就一定能开垦了。

百县之治一形,则徙迁者不饰①,代者不敢更其制②,过而废者不能匿其举③。过举不匿,则官无邪人。迁者不饰,代者不更,则官属少而民不劳④。官无邪,则民不敖⑤。民不敖,则业不败。官属少,则征不烦⑥。民不劳,则农多日。农多日,征不烦,业不败,则草必垦矣。

【注释】

①徙迁:意谓调职升迁。饰:装饰,美化。

②代者:指接替职位的人。

③过:犯错。废:指免官。

④官属:属吏,从属人员。

⑤敖:游玩,此指离开故土。

⑥征:赋税。烦:繁。

【译文】

各郡县的政令和治理措施必须一致,那么到期离任和升迁的官吏就没有办法美化自己的政绩,接任的官吏也不能随意更改已有的制度,犯了错误被罢官的人不能隐瞒自己的错误。错误行为不能隐瞒,那么官吏中就会没有心术不端的人。升迁的人不能粉饰自己,接任的官吏不敢更改制度,那么官吏的从属人员就会减少,农民的负担就不会过重。官吏中没有心术不端的人,农民就不用离开故土四处躲避。农民不用四处躲避,那么农业就不会受到危害。官吏的从属人员少了,那么征收的赋税就不会多。农民的负担不重,那农民的闲暇时间就多。农民闲暇的时间多，征收的赋税也不多，农业不受损害，那么荒地就一定能得到开垦了。

重关市之赋^①，则农恶商，商有疑惰之心^②。农恶商，商疑惰，则草必垦矣。

【注释】

①关市：位于交通要道的市集。

②疑：怀疑，此谓缺少信心。惰：不积极。

【译文】

加重交通要道的市集上商品的税收，那么农民就会不敢轻易经商，商人也会对经商持怀疑的态度。农民不敢经商，商人对自己所从事的产业缺乏信心，那么荒地就一定能得到开垦了。

以商之口数使商^①，令之厮、舆、徒、童者必当名^②，则农逸而商劳^③。农逸则良田不荒；商劳则去来赍送之礼无通于百县^④。则农民不饥，行不饰^⑤。农民不饥，行不饰，则公作必疾^⑥，而私作不荒，则农事必胜。农事必胜，则草必垦矣。

【注释】

①使：役使，指摊派徭役。

②厮、舆、徒、童：都是仆役的别称。当名：谓与户口所登记的相合。

③农逸而商劳：按照古代的规定，除为官者，只有作仆役的人可以不按照户口的登记去服徭役。而商鞅规定商人家的仆役还需要按照户口去服徭役，商人的负担就加重了。

④赍（jī）：赠送。

⑤饰：装饰。

⑥作：耕作。疾：尽力，努力。

【译文】

根据商人的家庭人口数量向他们摊派徭役，让他们家中的厮、舆、徒、童等仆役都一定要按照官府登记注册的情况服徭役，那么相比之下农民的负担就会轻而商人的负担就会重。农民负担轻，良田就不会荒芜；商人负担重，往来赠送的礼物就不会在各地通行。如果这样，那么农民就不会饥饿，做什么事也不用装饰门面。农民不挨饿，做事不装门面，那么他们就一定会对公田的耕作积极努力，并且个人的田地也不会荒废，那么在农业上的事就会得到好的发展。农业上的事发展好了，那么荒地就一定能开垦了。

令送粮无得取僦①，无得反庸②。车牛舆重③，役必当名。然则往速徕疾，则业不败农④。业不败农，则草必垦矣。

【注释】

①僦(jiù)：雇车。

②反：通"返"，返回。庸：此处意同"佣"，雇佣。

③舆重：指载重量。

④业：事，指运粮之事。

【译文】

下令运送粮食不能雇别人的车子，更不准运粮车辆在返回时私自搭载其他货物。车、拉车的牛、车子的载重量，服役时一定要同注册登记的一致。如果这样的话，那么运粮车就会往返迅速，运粮的环节就不耽误农业生产。运粮的环节不耽误农业生产，那么荒地就一定能够得到开垦了。

　　无得为罪人请于吏而饷食之^①，则奸民无主。奸民无主，则为奸不勉^②。为奸不勉，则奸民无朴^③。奸民无朴，则农民不败。农民不败，则草必垦矣。

【注释】

①饷：送饭。食（sì）：使……吃。

②勉：受到鼓励。

③朴：根。

【译文】

　　不准许为犯人向官吏求情并且给他们送食物让他们好吃好喝，那么作奸犯科的人就没有了指望。作奸犯科的人没有了指望，那么他们做坏事就没了劲头。做坏事没了劲头，那么作奸犯科的人就没有了根儿。作奸犯科没有了根儿，那么农民就不会受到他们的危害。农民不会受到危害，那么荒地就一定能开垦了。

农战第三

【题解】

农战，即农业和军事。商鞅认为重农重战是治国、强国、富国的根本。所谓"国之所以兴者，农战也"、"国待农战而安，主待农战而尊"。要使百姓高度重视农战，就要以农战作为奖赏的唯一条件，让一切利益都由农战得来。同时，要排除干扰民众积极从事农战的因素，亦即贬学抑商。商鞅认为"乐学"、"事商贾"将使人心浮荡，国力衰退。所以堵住这些人获得名利的其他途径，就能够从根本上遏制浮华空谈之风。文章多从正反两个方面进行反复对比论证，并多处采用递进、排比句式，增强了说服力。商鞅的农战思想在短期内提高了秦国的国力，为秦国的强盛奠定了基础。

凡人主之所以劝民者①，官爵也。国之所以兴者，农战也。今民求官爵，皆不以农战，而以巧言虚道②，此谓劳民③。劳民者，其国必无力。无力者，其国必削。

【注释】

①劝：勉励。

②虚道：指空泛无用的说教。

③劳：懒惰，使懒惰。

【译文】

通常君主用来勉励民众的，是官职和爵位。可是国家得以强大的根本，却是农业和军事。现在民众求取官爵，都不是凭借农耕和作战的功绩，而是靠花言巧语和空洞无物的说教，这叫做使百姓怠惰。使百姓怠惰的国家，统治必然软弱无力。统治软弱无力的国家，他的国力就会被削弱。

善为国者，其教民也，皆作壹而得官爵①。是故不作壹，不官无爵②。国去言则民朴，民朴则不淫③。民见上利之从壹空出也④，则作壹。作壹，则民不偷营⑤。民不偷营，则多力。多力，则国强。今境内之民皆曰："农战可避，而官爵可得也。"是故豪杰皆可变业⑥，务学《诗》《书》，随从外权⑦，上可以求显⑧，下可以求官爵；要靡事商贾⑨，为技艺，皆以避农战。具备⑩，国之危也。民以此为教者，其国必削。

【注释】

①作壹：劳动专一。指专务农战。

②不：无。

③淫：放纵。

④利：赏禄。壹空(kǒng)：即一孔，一途。空，通"孔"。

⑤偷营：谓私下从事农战以外的事。

⑥可：肯。

⑦随从：追随。

⑧显：荣誉。

⑨要靡：与豪杰对文，指平庸之人。

⑩具备：意谓以上的情况都出现。

【译文】

　　善于治理国家的君主，他教化民众，都是要求通过专心农战来得到官职和爵位。因此不专心农战，就不会得到官职也没有爵位。国家摒弃空谈民众就朴实，民众朴实就不放纵。民众看见国家给人们的赏禄都是从农耕与作战这一途径发出，那么便会专心从事农耕和作战。民众专心从事农耕和作战，就不会私下里谋求其他事务。民众不私下里谋求其他事务，力量就会增强。力量增强，国家就会强大。现在国内的民众都说："农耕和作战可以逃避，而官职和爵位同样能够得到。"所以那些豪杰之士都不惜改变自己的本行，而专门学习《诗》、《书》，追随国外的权势，好的可以得到高位，次一点也能得到一官半职；而那些平庸之人便去经商，搞手工业，凭借这些方式来逃避农耕和作战。以上情况如果都出现，国家就要危险了。国君用以上两种行为来教育民众，他的国家的实力就一定会削弱。

　　善为国者，仓廪虽满，不偷于农①；国大民众，不淫于言，则民朴壹②。民朴壹，则官爵不可巧而取也。不可巧取，则奸不生。奸不生，则主不惑。今境内之民及处官爵者，见朝廷之可以巧言辩说取官爵也，故官爵不可得而常也③。是故进则曲主④，退则虑所以实其私⑤，然则下卖权矣⑥。夫曲主虑私，非国利也，而为之者，以其爵禄也；下卖权，非忠臣也，而为之者，以末货也⑦。然则下官之冀迁者皆曰⑧："多货，则上官可得而欲也。"曰："我不以货事上而求迁者，则如以狸饵鼠尔，必不冀矣。若以情事上而求迁者⑨，则如引诸绝绳而求绳枉木也⑩，愈不冀矣。二者不可以得迁，则我焉得无下动众取货以事上，而以求迁乎？"百姓曰："我疾农，先实公仓,收余以食亲①。为上忘生而战,以尊主安国也。仓虚,主卑,家贫,然则不如索官!"亲戚交游⑫,合⑬,则更虑矣。豪杰务学《诗》《书》,随从外权;要靡事商贾,为技艺,皆以避农战。民以此为教,则粟焉得无少,而兵焉得无弱也!

【注释】

①偷:懒惰,此指松懈。

②朴:专心。

③常:指封官授爵的法典。

④曲主:曲意逢迎君主。

⑤实其私:满足自己的私欲。

⑥卖权:卖弄权势,谓玩弄权术。

⑦末:追逐。货:货利,财利。

⑧冀:希望。迁:升迁。

⑨情:实情。

⑩绳:前一"绳"为名词,墨线。后一"绳"为动词,使……直。枉木:弯木。

⑪食(sì):供养。

⑫交游:聚在一起。

⑬合:达成一致。

【译文】

　　善于治理国家的君主,粮仓虽满,也不放松农耕;国家的土地广大、人口众多,不让空洞无物的言论泛滥,那样民众就会专心于农战。民众专心农战,那么官职和爵位就不能靠花言巧语来取得。不能靠花言巧语来取得官职和爵位,那么奸猾的人就不会产生。奸民不产生,君主就不会受迷惑。现在国内的民众以及据有官爵的人,看见朝廷中能靠巧妙的空谈、诡辩的说教来获得官职和爵位,所以认为官爵不可能靠国家制定的用人法规获得。因此这些人上朝便曲意逢迎君主，回家便琢磨怎样来满足自己的私欲，这样，他们就会在下面玩弄权术。曲意逢迎君主图谋自己的私利，就不会对国家有利，而他们这样做的目的，是为了得到爵位和厚禄；私下玩弄权术，就不是忠臣，而他们这么做的原因，就是为追求财利。如果这样的话，下面希望升迁的官员便说："财产多了，就能得到想要的高官。"并且还说："我如果不用金钱财物贿赂上级来求得升迁，那就像用猫做诱饵引老鼠上钩一样，一定不会有成功的希望。假如用为官任职的实际政绩呈给上级来求得升迁，那么就像牵着已经断了的墨线想矫正弯木一样，更加没有希望了。因为这两种办法都不能得到升迁，那我怎能不到下面去役使民众搜刮钱财来贿赂上级，而谋求升官呢？"百姓说："我积极务农，先装满国家的粮仓，收取剩下的粮食供养亲人。替君主舍生忘死去作战，来使君主尊贵国家安定。现在，国家的粮仓空虚，国君地位卑微，家庭贫穷，这样还不如谋取个官做！"亲戚朋友聚在一起，会达成一致的认识，就会改变从事农战的想法。豪杰之士专心学习《诗》、《书》，追随国外的权势人物；普通人会去经商，搞手工业，人们都靠这些来逃避农耕和作战。用这种现实来教化民众，那么国库的粮食怎能不减少，而军队的实力怎能不被削弱呢！

　　善为国者，官法明，故不任知虑①；上作壹，故民不偷营，则国力抟②。国力抟者强，国好言谈者削。故曰：农战之民千人，而有《诗》、《书》辩慧者一人焉③，千人者皆怠于农战矣。农战之民百人，而有技艺者一人焉，百人者皆怠于农战矣。国待农战而安，主待农战而尊。夫民之不农战也，上好言而官失常也④。常官，则国治；壹务，则国富。国富而治，王之道也。故曰：王道非外，身作壹而已矣。

【注释】

①知虑：指有头脑的人。知，同"智"。虑，谋划。

②抟（tuán）：聚集，凝聚。

③焉：于此，在这里。

④常：规则。

【译文】

善于治理国家的君主，任用官吏的法规严明，所以不起用那些头脑太灵活的人；君主专心于农耕和作战，所以民众就不会私下里经营农耕作战以外的行业，那么国家的力量就集中。国家的力量集中就会强大，国家崇尚空谈力量就会被削弱。所以说：从事农耕和作战的民众有一千人，里面出现一个学《诗》、《书》而巧言善辩的人，那么这一千人都会对从事农耕作战松懈了。从事农耕作战的民众有一百人，出现一个搞手工业的人，那么这一百人就都会放松了农耕和作战。国家依赖农耕和作战而安全，君主依靠农耕和作战才能尊贵。民众不从事农耕和作战，那是因为君主喜欢虚伪的空谈而不按照法规选用官吏。依法选用官吏，国家就能做到政治清明；专心农战，国家就会富强。国家富强而政治清明，这是称王天下的方法。所以说：称王天下的办法没有别的，就是自己专心从事农耕和作战罢了。

今上论材能知慧而任之，则知慧之人希主好恶①，使官制物以适主心②。是以官无常，国乱而不壹，辩说之人而无法也。如此，则民务焉得无多③？而地焉得无荒？《诗》、《书》、礼、乐、善、修、仁、廉、辩、慧，国有十者，上无使守战④。国以十者治，敌至必削，不至必贫。国去此十者，敌不敢至；虽至，必却。兴兵而伐，必取；按兵不伐，必富。国好力者以难攻⑤，以难攻者必兴；好辩者以易攻⑥，以易攻者必危。故圣人明君者，非能尽其万物也，知万物之要也。故其治国也，察要而已矣。

【注释】

①希：通"睎"，观望。

②制：处理，决断。

③务：事务，此指行业。

④守战：防守和进攻。

⑤难：指"好力"之"力"，即加强农战，因为这种事做起来不容易，故曰难。

⑥易：指"好辩"之"辩"，即崇尚虚谈，因为这种事做起来不费力，故曰易。

【译文】

现在国君根据才能和智慧来用人，那么聪明的人就会察言观色揣测君主的好恶，为官处理政务也千方百计迎合君主。因此，国家选用官吏不遵照用人的法规，国家就会混乱而没有统一的政策法令，善于巧舌游说的人就更加无法无天了。像这样，民众从事的其他职业怎么会不多？而土地又怎么能不撂荒呢？《诗》《书》、礼制、音乐、为善、修身、仁爱、廉洁、善辩、聪慧，国家有这十种事务，君主就无法让民众防守作战。国家用这十种东西来治理，敌人进犯国土就一定被割削，敌人不来进犯国家也一定会贫穷。若国家没有这十种东西，敌人就不敢来侵犯；即使来了，也一定会被赶走。如果发兵前去征伐他国，一定能取胜；如果按兵不动不去征伐，一定会富足。注重耕战的国家以耕战的优势进攻，以耕战的优势进攻的国家一定会兴旺；喜欢空谈的国家以不实的想法去进攻，以不实的想法进攻的国家一定会危险。所以那些成为圣人和明主的人，并不是能任意地运用万物，而是掌握了万事万物的规律和要领。因此他们治理国家的办法，就是辨明要领罢了。

今为国者多无要。朝廷之言治也，纷纷焉务相易也①。是以其君惛于说②，其官乱于言，其民惰而不农。故其境内之民，皆化而好辩乐学，事商贾，为技艺，避农战。如此，则不远矣。国有事，则学民恶法③，商民善化，技艺之民不用，故其国易破也。夫农者寡而游食者众，故其国贫危。今夫螟、螣、蚼蠋春生秋死④，一出而民数年不食。今一人耕而百人食之，此其为螟、螣、蚼蠋亦大矣。虽有《诗》、《书》，乡一束⑤，家一员⑥，犹无益于治也，非所以反之之术也⑦。故先王反之于农战。故曰：百人农一人居者，王；十人农一人居者，强；半农半居者，危。故治国者欲民者之农也⑧。国不农，则与诸侯争权不能自持也⑨，则众力不足也。故诸侯挠其弱⑩，乘其衰⑪，土地侵削而不振，则无及已。

【注释】

①纷纷焉：众说纷纭的样子。务：一定。易：改变。

②惛（hūn）：糊涂。

③学民：指有学识的人。

④螟、螣（tè）：两种专吃小苗的害虫。蚼蠋（qú zhú）：一种似蚕的害虫。

⑤乡：古代居民单位，大约两千家为一乡。一束：一捆。

⑥员：卷。

⑦反：转变，指改变现状。

⑧之：到，此谓从事。

⑨自持：自保。

⑩挠：侵扰。

⑪乘：侵犯。

【译文】

现在治理国家的人多不得要领。在朝廷讨论治国的方法时,众人七嘴八舌都想改变对方的观点。因此国君被不同的说法弄得糊里糊涂,而官吏被这些言谈弄得昏头涨脑,国中的民众也懒散不愿意从事农耕。所以那些国家的民众,都变得喜欢空谈和从事学习,经商,搞手工业,逃避农耕和作战。如果这样,那国家离灭亡就不远了。国家动荡,而那些有知识的人讨厌法规,商人善于变化,手工业者不能用,所以这个国家就容易被攻破。从事农耕的人少而靠巧言游说吃饭的人数众多,所以这个国家就贫困而危险。就像那些危害农作物的螟、螣、蚼蠋等害虫虽然春生秋死,但只要它们出现一次民众就会多年歉收没有饭吃。现在一个人种地却供应一百个人吃饭,那么这些人比螟、螣、蚼蠋等害虫的危害更大。如果这样,即使《诗》、《书》,每个乡有一捆,每家有一卷,对治理国家也一点用处也没有,这不是改变现状的办法。所以以前君主转而依靠农耕和作战来突破困境。因此说:如果一百人从事耕作一个人闲着,这个国家就能称王天下;十个人从事农耕一个人闲着,这个国家就会强大;有一半人从事农耕有一半人闲着,这个国家就危险了。所以治理国家的人都想让民众去务农。国家不重视农耕,就会在诸侯争霸时不能自保,这是因为能够使用的民力不足。因此,其他诸侯国就乘其衰弱来侵扰它,乘其衰微来进犯它,土地就会被侵占从此一蹶不振,到那时就来不及想办法了。

圣人知治国之要,故令民归心于农。归心于农,则民朴而可正也,纯纯则易使也①,信可以守战也。壹,则少诈而重居②;壹,则可以赏罚进也;壹,则可以外用也。夫民之亲上死制也③,以其旦暮从事于农。夫民之不可用也,见言谈游士事君之可以尊身也、商贾之可以富家也、技艺之足以糊口也。民见此三者之便且利也，则必避农。避农，则民轻其居，轻其居则必不为上守战也。凡治国者，患民之散而不可抟也。是以圣人作壹，抟之也。国作壹一岁者，十岁强；作壹十岁者，百岁强；作壹百岁者，千岁强；千岁强者王。君修赏罚以辅壹教，是以其教有所常，而政有成也。

【注释】

①纯纯：诚恳的样子。

②重（zhòng）居：重土难迁。

③制：遵从。

【译文】

　　圣贤的君主懂得治理国家的要领，因此命令民众都把心思放在农业上。专心务农，那么民众朴实而好管理，诚实就容易役使，一定可以用来守城作战。民众专心耕种作战，那么就很少有奸诈之事而且重土难迁；民众专心于农耕作战，那么就能用奖赏和惩罚的办法来鼓励上进；民众专心于农耕作战，就可以用他们来对外作战。民众亲附君主并且死心塌地地遵从，是因为他们一天到晚都从事农耕的缘故。民众不听从管理效力国家，是因为他们看见空谈游说的人逢迎君主也可以使自己得到尊贵的地位、商人也可以发财致富、手工业者也能以此养家糊口。民众看到这三种人的职业轻松又可以赚钱，就一定会逃避农耕。逃避农耕，那么民众就会不在意自己居住在什么地方；不在意自己居住在什么地方，那么就一定不会替君主守土作战。凡是治理国家的人，都害怕民心涣散不能凝聚。所以英明的君主实行农战政策，就是要凝聚民众。如果民众专心于农耕和作战一年，国家就能强大十年；如果民众专心于农耕和作战十年，国家就能强大一百年；如果民众专心于农耕和作战一百年，国家就能强大一千年；强大一千年就能称王于天下。君主制定赏罚作为农战政策的辅助手段，所以对民众的教化有常法，治理国家也就会有成绩。

　　王者得治民之至要，故不待赏赐而民亲上，不待爵禄而民从事，不待刑罚而民致死。国危主忧，说者成伍，无益于安危也。夫国危主忧也者，强敌大国也。人君不能服强敌破大国也，则修守备，便地形①，抟民力，以待外事②，然后患可以去，而王可致也。是以明君修政作壹，去无用，止浮学事淫之民，壹之农，然后国家可富，而民力可抟也。

【注释】

①便地形：谓占领有利地形。便，有利。

②外事：指外来进犯。

【译文】

　　君主掌握了统治民众的最关键原则，所以不等君主实行赏赐民众便亲附于君主；不等君主封爵加禄民众便从事农战；不等君主使用刑罚民众就拼死效命。在国家危亡、君主忧虑的时候，巧言善辩的空谈之士成群，却对国家的安危没有任何益处。国家危亡、君主忧虑，是因为遇上了强大的敌国。君主不能战胜强敌、攻破大国，那么就要修整防御设施，占据有利地形，集中民众力量，来应付外来的入侵，这样威胁就可以消除了，而称王天下的目的也就达到了。因此英明的君主治理国家应专心于农耕和作战，清除那些无用的东西，禁止那些学习空洞浮华的学问和从事游说等不正当职业的民众，让他们专心于农耕，这样国家就能富强，民众的力量也可以凝聚了。

今世主皆忧其国之危而兵之弱也，而强听说者①。说者成伍，烦言饰辞而无实用②。主好其辩③，不求其实。说者得意，道路曲辩④，辈辈成群⑤。民见其可以取王公大人也，而皆学之。夫人聚党与，说议于国，纷纷焉。小民乐之，大人说之⑥。故其民农者寡而游食者众。众，则农者殆；农者殆，则土地荒。学者成俗⑦，则民舍农从事于谈说，高言伪议。舍农游食而以言相高也，故民离上而不臣者成群。此贫国弱兵之教也。夫国庸民以言⑧，则民不畜于农⑨。故惟明君知好言之不可以强兵辟土也，惟圣人之治国作壹，抟之于农而已矣。

【注释】

①强（qiáng）：坚定，坚决。

②烦：多。饰：巧诈。

③辩：言辞华美。

④曲辩：巧辩，诡辩。

⑤辈辈：一批一批，一伙一伙。

⑥说：通"悦"。

⑦成俗：形成风气。

⑧庸：任用。

⑨畜：喜好。

【译文】

现在各国国君都担心自己的国家危急而军事力量薄弱，却坚决听游说之士空洞的议论。说客们成群结队，废话连篇花言巧语却没有什么实际用处。君主爱听他们华美的言辞，而不去探求这些言论的实用价值。因此说客们非常得意，无论走在什么地方都巧言诡辩，一伙又一伙成群结队。民众看这些人能用这种本领取得王公大臣之位,便都向他们学习。于是这些人结成党羽,在国内高谈阔论,议论纷纷。普通百姓喜欢这样做,王公大臣也乐于此事。因此国中民众务农的人少而靠游说吃饭的人多。游说的人多,那么从事农耕的人便会怠惰;务农的人怠惰,那么田地就会荒芜。学习花言巧语空谈成风,民众就会放弃农耕而去以谈说为业,高谈阔论。民众放弃农耕,游走混饭吃并凭花言巧语获取尊崇,所以民众远离君主,而不臣服的人成群结队。这是使国家贫穷、军队薄弱的统治措施。如果国家凭空谈任用民众,那么民众就不喜欢从事农耕。因此英明的君主知道喜欢空谈不能用来强军辟壤,圣明的人治理国家采用一个办法,就是把民众的力量集中到农业上罢了。

去强第四

【题解】

　　强指百姓不听从政令。本篇主要讨论采取什么样的措施消除百姓不听从政令的弊端。民强则会和国家对抗,民弱则听从国家安排。治理百姓有强民政策和弱民政策,作者认为要去强需要使用弱民政策,即赏罚并用,以农战为赏罚的依据,使百姓专心农战;重罚轻赏,所谓"刑九赏一","以刑去刑",彻底清除不听从政令的现象;指出儒家的诗书礼义是导致民众不听从政令的原因之一。另外,篇中指出要从户口管理、吏治、关乎国计民生的数据的统计、粮食的储存等方面加强统治。通篇强调弱民强国的主张,从中体现出法家严苛的本质。

　　以强去强者①,弱;以弱去强者②,强。国为善③,奸必多。国富而贫治④,曰重富⑤,重富者强。国贫而富治⑥,曰重贫,重贫者弱。兵行敌所不敢行⑦,强。事兴敌所羞为⑧,利。主贵多变,国贵少变。国少物⑨,削;国多物,强。千乘之国守千物者削⑩。战事兵用而国强⑪,战乱兵怠而国削。

【注释】

①强：前一个"强"指强民政策，即后文所谓"礼、乐、《诗》、《书》、善、修、孝、弟、廉、辩"等儒家教化。后一个"强"指强民，即不听从命令的百姓。

②弱：指弱民政策，即重赏罚以使民众守法。

③善：指善政，仁政。

④贫治：即以节俭的办法来治理，即尚俭朴。

⑤重(chóng)：加倍。

⑥富治：用浪费的办法来治理，即尚奢侈。

⑦兵行敌所不敢行：指战士敢于拼死作战。

⑧事兴敌所羞为：敢做敌人认为耻辱的事，指排斥儒家的礼义。

⑨物：财物。

⑩千乘之国守千物者削：此句意谓平均一辆兵车守一物，物少，故曰削。

⑪事：治理，任事。用：效力。

【译文】

运用强民的办法来清除不服从法令的民众，君主的统治会被削弱；运用弱民措施来清除不服从法令的民众，君主的统治就会加强。国家施行善政，奸诈之人一定会多。国家富强却以节俭来治理，这样的国家会富上加富，富上加富的国家一定强大。国家贫穷却以奢侈来治理，这就叫穷上加穷，穷上加穷的国家一定衰弱。军队能做敌人所不敢做的事，就强大。在国家大事上能做敌人认为耻辱不愿做的事，就有利。君主贵在多谋善变，国家贵在法制稳定。国家财物少，就会衰弱；国家财物多，就会强大。有一千辆兵车只守有千物的国家就会削弱。行军打仗指挥有方、士兵效命的国家就强大，打仗时指挥混乱士兵怠惰的国家就会削弱。

农、商、官三者，国之常官也①。三官者，生虱害者六②：曰岁、曰食、曰美、曰好、曰志、曰行③。六者有朴④，必削。三官之朴三人，六害之朴一人⑤。以法治者，强；以政治者⑥，削。常官治省⑦，迁官治大⑧。治大，国小；治小，国大⑨。强之，重削；弱之，重强。夫以强攻强者亡，以弱攻强者王。国强而不战，毒输于内⑩，礼乐虱害生，必削；国遂战，毒输于敌，国无礼乐虱害，必强。举劳任功曰强⑪，虱害生必削。农少、商多，贵人贫、商贫、农贫，三官贫，必削。

【注释】

①常官：正常的、稳定的职业。

②虱害：像虱子一样为害。

③岁、食、美、好、志、行：岁的害处指农民游惰，使年岁歉收。食的害处指农民不务本业，白吃粮米。美的害处指商人贩卖华丽的东西。好是玩好，好的害处指商人贩卖玩好的物品。志的害处指官吏营私舞弊的思想。行的害处指官吏贪赃枉法的行为。

④朴：根，根源。

⑤一人：指君王。

⑥政：政教。

⑦常官：久任一官。

⑧迁官：指官职变动。大：多。

⑨国小、国大：指国家力量的大小。

⑩毒：指虱害。输：灌输，产生。

⑪举：推选。

【译文】

农民、商人、官吏这三种人，是国家常见的职业。这三种人，产生了六种危害："岁"害、"食"害、"美"害、"好"害、"志"害、"行"害。这六种危害生了根,国家力量一定削弱。农、商、官这三种职业的根源在从事它们的三种人身上,而六种危害的根源却在国君一个人身上。能用法律来治国,国家就强;专靠政教来治国,国家就弱。任用官吏长久,治道就简洁;胡乱调动官员,治道就繁琐。治道繁琐,国家就会弱小;治道简洁,国家就会强大。使人民强大不守法,国家就会越来越削弱;使人民弱小遵纪守法,国家就会越来越强大。采用使民众变得强大的政策来整治不守法的百姓的国家就要亡国,采用使民众变得软弱的政策来整治不守法的百姓的国家就能成就王业。国强而不去征伐,毒害会产生于国内,礼乐等危害产生了,国力必然会削弱;国家进行征伐,毒害转嫁到国外,国内没有礼乐等危害,国家必定强大。任用有功劳的人国家就强大,胡乱用人危害产生国家就削弱。农民少商人多,因而公卿官吏贫穷了、商人贫穷了、农民贫穷了,这三种人都贫穷了,国家必被削弱。

国有礼、有乐、有《诗》、有《书》、有善、有修、有孝、有弟、有廉、有辩①。国有十者,上无使战,必削至亡;国无十者,上有使战,必兴至王。国以善民治奸民者,必乱至削;国以奸民治善民者,必治至强。国用《诗》、《书》、礼、乐、孝、弟、善、修治者,敌至,必削国;不至,必贫。国不用八者治,敌不敢至,虽至必却。兴兵而伐,必取,取必能有之;按兵而不攻,必富。国好力,曰以难攻;国好言,曰以易攻。国以难攻者,起一得十;国以易攻者,出十亡百。

【注释】

①修:贤良。弟(tì):同"悌",敬爱兄长。辩:指智慧。

【译文】

国家有礼、乐、《诗》《书》、仁善、贤良、孝敬父母、尊敬兄长、廉洁、智慧。国家有了这十种东西，国君就是不让民众去打仗，国家也一定会削弱以至灭亡；国家如果没有这十种东西，君主就是让民众去打仗，国家也一定会兴旺以至称王天下。用所谓良民来统治所谓奸民的国家，就一定会发生动乱直至被削弱；国家用所谓奸民来统治所谓良民，就一定会治理好直至强大。国家采用《诗》《书》、礼、乐、孝悌、仁善、贤良等儒家思想来治理，敌人来了，国家一定被削弱；敌人不来，国家也一定会穷困。不采用这八种儒家思想治理国家，敌人就不敢来入侵，即使来也会被打退。如果发兵去讨伐别的国家，就一定能夺取土地，而且夺取了土地还能够占有它；如果按兵不动，不去攻打别国，就一定会富足。国家重视实力，叫做以耕战的优势进攻；国家喜欢空谈，叫做以不实的想法攻打别国。国家以耕战的优势攻打别国，用一分力气得到十倍的收获；国家用容易做到的谈说之事为资本攻打别国，出十分的力气就会丧失百倍的利益。

重罚轻赏，则上爱民，民死上；重赏轻罚，则上不爱民，民不死上。兴国行罚，民利且畏[1]；行赏，民利且爱。国无力而行知巧者[2]，必亡。怯民使以刑，必勇；勇民使以赏，则死。怯民勇，勇民死，国无敌者，强。强，必王。贫者使以刑，则富；富者使以赏，则贫[3]。治国能令贫者富，富者贫，则国多力，多力者王。王者刑九赏一，强国刑七赏三，削国刑五赏五。

【注释】

①利：喜欢。

②知巧：智谋巧诈。

③"贫者使以刑"四句：即《说民》篇之"贫者益之以刑，则富；富者使之以赏，则贫"。

【译文】

加重刑罚减少赏赐，那么国君爱护民众，民众就会为君主拼死效命；加重赏赐减轻刑罚，那么君主不爱护民众，民众也不为君主卖命。强盛的国家使用刑罚，民众喜欢又畏惧；使用赏赐，民众喜欢又贪图。没有实力而使用智谋和欺诈的国家，就一定会灭亡。对于胆小的人用刑罚来让他们作战，一定会勇敢；对勇敢的人使用奖赏的办法，他们就会拼死效力。胆小的人勇敢，勇敢的人不怕死，国家就没有敌手，这样的话就强大。国家强大，就一定能称王天下。用刑罚来役使穷人，让他们去务农，那就会变富；对富人施行奖赏，让他们用钱粮买官，那就会变穷。治理国家能让穷人变富，富人变穷，那么这个国家就能实力雄厚，实力雄厚的就可以称王天下。称王天下的国家用九分的刑罚一分的赏赐，强国刑罚占七分赏赐只占三分，弱国的刑罚占五分赏赐也占五分。

国作壹一岁①，十岁强；作壹十岁，百岁强；作壹百岁，千岁强；千岁强者，王。威，以一取十，以声取实，故能为威者王。能生不能杀②，曰自攻之国，必削；能生能杀，曰攻敌之国，必强。故攻害、攻力、攻敌③，国用其二舍其一，必强；令用三者，威，必王。

【注释】

①作壹：即专一于农战。

②生：培养实力。杀：消耗力量。

③攻害：即消灭虿害。攻力：消耗实力。

【译文】

国家专心从事耕战一年，就能强大十年；专心从事耕战十年，就能强大一百年；专心从事耕战一百年，就能强大一千年；能够保持一千年都强大的国家，就能称王天下。国家有威势，就能以一取十，先声夺人，所以能够有威势的国家就能称王天下。能积蓄实力却不能使用实力的国家，叫做"攻打自己"的国家，这样的国家一定会削弱；能积蓄实力也能使用实力的国家，叫做"攻打敌国"的国家，这样的国家一定强大。因此，消灭虱害、使用实力、攻打敌国这三点，国家使用其中的两项舍弃其中的一项，一定强大；假如三项全部使用，国家就会有威势，必定称王天下。

十里断者①，国弱；五里断者，国强。以日治者王，以夜治者强，以宿治者削。

【注释】

①里：古代居民行政单位，通常五家为邻，五邻为里。断：决断。

【译文】

政事在十个里之内才能做出决断的，国家就弱；在五个里之内能做出决断的，国家就强大。在当日就能处理好政务的国家就能称王天下，在当夜才能处理好政务的国家就强大，第二天才能处理好政务的国家就会被削弱。

举民众口数，生者著①，死者削②。民不逃粟③，野无荒草，则国富，国富者强。

【注释】

①著：著录。

②削：除去。

③逃粟：逃避赋税。粟，指税粟。

【译文】

　　凡是民众的人数，活着的人登记造册，死了的人要从户口上销掉。如果这样，民众就不能逃避赋税，田野上就没有荒草，那么国家就能富足，国家富足也就强大了。

　　以刑去刑①，国治；以刑致刑②，国乱。故曰：行刑重轻③，刑去事成，国强；重重而轻轻④，刑至事生，国削。刑生力，力生强，强生威，威生惠。惠生于力。举力以成勇战，战以成知谋。

【注释】

　　①以刑去刑：指用刑重而民众不敢犯法，就是以刑罚杜绝了犯罪。

　　②以刑致刑：指用轻刑而民众不惧怕犯罪，就是以刑罚导致了犯罪。

　　③重轻：轻罪重罚。

　　④重重：重罪重罚。轻轻：轻罪轻罚。

【译文】

　　用重刑杜绝犯罪，国家就能大治；用轻刑导致犯罪，国家会混乱。所以说：加重刑于轻罪，刑罚就是不用也能将事情办成，这样的国家才能强大；重罪重罚、轻罪轻罚，即使用了刑罚，犯法的事情却不断发生，国家会被削弱。刑罚能够衍生实力，实力能产生强大，强大能产生威势，威势能产生恩惠。所以，恩惠是从实力中产生的。崇尚实力能用来成就勇敢作战，作战才能产生出智慧和计谋。

金生而粟死①，粟生而金生。本物贱②，事者众，买者少，农困而奸劝③，其兵弱，国必削至亡。金一两生于竟内④，粟十二石死于竟外⑤；粟十二石生于竟内，金一两死于竟外。国好生金于竟内，则金粟两死，仓府两虚⑥，国弱；国好生粟于竟内，则金粟两生，仓府两实，国强。

【注释】

①金生而粟死：意谓钱赚来了，而自己的粮食却卖出去了。

②本物：谷物。

③劝：受到鼓励。

④竟：通"境"。

⑤石（dàn）：古代计量单位，十斗为一石。

⑥仓：粮仓。府：金库。

【译文】

赚了金钱就没有了粮食，有了粮食就等于有了金钱。粮食价格低廉，而从事农耕的人多，买粮食的人就少，农民就贫困，奸诈的商人就得到鼓励，如果这样兵力就弱，国家的实力一定会被削弱以至灭亡。国内赚到一两黄金，就会有十二石的粮食运到国境外；国内购入十二石粮食，就有一两黄金运到国外。国家喜欢赚取黄金，那么黄金和粮食都会损失，粮仓和金库都会空虚，国家会弱小；国家喜欢在境内囤积粮食，那么粮食和黄金都能获得，粮仓、金库都会充实，国家就强大。

强国知十三数：竟内仓府之数，壮男壮女之数，老弱之数，官士之数①，以言说取食者之数，利民之数②，马、牛、刍藁之数③。欲强国，不知国十三数，地虽利，民虽众，国愈弱至削。

【注释】

①官：官吏。士：知识阶层。

②利民：指农民。

③刍藁（chú gǎo）：指柴草。刍，打草。藁，植物的茎秆。

【译文】

使国家强大要知道十三种事物的数目：境内粮仓、金库的数目，壮年男子、壮年女子的数目，老人、小孩的数目，官吏、士人的数目，靠游说吃饭的人的数目，农民的数目，马、牛、柴草的数目。想要使国家强大，不知道国家的这十三种事物的数目，土地即使肥沃，人口即使众多，国家也难免越来越弱。

国无怨民曰强国。兴兵而伐，则武爵武任①，必胜。按兵而农，粟爵粟任②，则国富。兵起而胜敌、按兵而国富者王。

【注释】

①武爵武任：按照军功赏赐任用。

②粟爵粟任：按照种粮的多少赏赐任用。

【译文】

国内没有对君主有怨言的民众叫强国。如果发兵去攻打别国，那么按军功的多少授予他们官职和爵位，就一定会取胜。如果按兵不动从事农耕，按生产缴纳粮食的多少授予官职和爵位，那么国家就一定富裕。发兵打仗就能战胜敌人、按兵不动就富足的国家就能称王天下。

说民第五

【题解】

说，通"夺"。说民，即夺民——夺民所尚、夺民所善、夺民所易、夺民之财、夺民所欲。本篇论述如何治理民众的问题。民众是国家的根本，国家的治与乱，其实就是民众的治与乱。文中指出"民胜其政，国弱；政胜其民，兵强"。"民胜法，国乱；法胜民，兵强。"所以，国家的政治与法令一定要强硬，以法治民。具体的措施就是摒弃不利国家统治的风气，用法令促使民众"弃易行难"，以重刑罚杜绝犯罪，以奖赏鼓励农战。研究民众的需求、针对民众的好恶，制定赏罚、引导民众从事农战。其中，强调提高行政效率是一种比较独到的理念。而"令贫者富，富者贫"的举措，客观上起到了缩小贫富差距维持社会均衡的作用。

辩慧，乱之赞也①；礼乐，淫佚之征也②；慈仁，过之母也；任举，奸之鼠也③。乱有赞则行，淫佚有征则用，过有母则生，奸有鼠则不止。八者有群，民胜其政。国无八者，政胜其民。民胜其政，国弱；政胜其民，兵强。故国有八者，上无以使守战，必削至亡。国无八者，上有以使守战，必兴至王。

【注释】

①赞：辅助。

②征：征召，招引。

③鼠：处，居处。

【译文】

巧言善辩与聪明有智谋，是违法乱纪的帮手；礼与乐，是放荡淫佚的引子；仁与慈，是犯罪的根源；任用举荐，是奸邪的藏身之地。违法乱纪有了帮助才能流行，放荡有了引导才能起来，错误有了根源才能产生，奸邪有了藏身之地就无法制止。这八种东西结成群，民众的力量就会胜过政令。国家没有这八种东西，政令就会压服民众。民众的力量胜过政令，国家就会被削弱；政令能压制住民众，兵力就会强大。所以，国家如果有这八种东西，国君就没有办法派遣民众去防守和打仗，国家一定会被削弱甚至灭亡。国家没有这八种东西，国君就有办法役使民众去防守和打仗，国家就一定兴旺直至称霸天下。

用善①，则民亲其亲；任奸②，则民亲其制。合而复者③，善也；别而规者④，奸也。章善则过匿⑤，任奸则罪诛。过匿，则民胜法；罪诛，则法胜民。民胜法，国乱；法胜民，兵强。故曰：以良民治，必乱至削；以奸民治，必治至强。

【注释】

①善：指重道义、仁善之人。

②奸：与"善"相反。

③合：合力。复：通"覆"，掩盖。

④规：通"窥"，监视。

⑤章：彰显。

【译文】

任用所谓的"善民"，那么民众就只爱他们的亲人；任用所谓的"奸民"，那么民众就会遵守国家的法制。民众合力互相掩盖过失，这就是用所谓的"善民"的结果；民众疏远互相监督，这就是用所谓的"奸民"的结果。表彰所谓的"善民"，民众的罪过就会被掩盖起来；任用所谓的"奸民"，民众中的过错就会受到惩罚。民众的错误被掩盖，那么民众就凌驾在法规之上；民众的罪过受到惩罚，那么国家的法规就能压服民众。民众凌驾在法规之上，国家就会混乱；法规能够压服民众，国家的兵力就强大。所以说：用所谓的"善民"治理国家，国家就一定会乱套直至被削弱；用所谓的"奸民"治理国家，就一定能治理好国家直到强大。

国以难攻①，起一取十；国以易攻②，出十亡百。国好力曰以难攻，国好言曰以易攻。民易为言，难为用。国法作民之所难③，兵用民之所易，而以力攻者，起一得十；国法作民之所易，兵用民之所难，而以言攻者，出十亡百。

【注释】

①难：难于做到的事，指靠农战增强国家的实力。

②易：容易做到的事，指空谈。

③作：鼓励。

【译文】

国家用难以获得的耕战的实力去攻打其他国家，用一分力量能取得十分效果；国家用容易做到的空谈去攻打其他国家，用十分力量会损失百倍。国家崇尚实力叫做用难以得到的东西去攻打别国，国家崇尚空谈叫做用易于获得的东西去攻打别国。民众以空谈为易，以国家役使他们去从事农耕和作战为难。国家的法令鼓励民众做那些认为难以做到的事,战争中役使他们做那些事就会觉得很容易,用实力攻打他国,用一份力量能获得十倍的收获;国家的法规鼓励民众去做空谈那些容易做的事,战争中役使他们就会觉得很困难,用空谈攻打他国,那么付出十分的力量会损失百倍。

罚重,爵尊①;赏轻,刑威②。爵尊,上爱民;刑威,民死上。故兴国行罚,则民利;用赏,则上重。法详,则刑繁;刑繁,则刑省。民不治则乱,乱而治之又乱。故治之于其治,则治;治之于其乱,则乱。民之情也治,其事也乱。故行刑,重其轻者,轻者不生,则重者无从至矣,此谓治之于其治者。行刑,重其重者,轻其轻者,轻者不止,则重者无从止矣,此谓治之于其乱也。故重轻,则刑去事成,国强;重重而轻轻,则刑至而事生,国削。

【注释】

①爵:爵位。

②威:威势。

【译文】

刑罚重,爵位才显得尊贵;赏赐轻,刑罚才更显威严。爵位尊贵,君王以此能够爱惜民众;刑罚有威严,民众因此拼死为君主效命。所以强盛的国家使用刑罚,民众会受益;施用奖赏,那么君主就会受到尊重。法令周详,那么刑罚就会繁多;刑罚繁多,那么受刑罚的人就会减少。民众不治理国家就会混乱,混乱了才去治理它就会更乱。所以要在社会安定的时候治理,国家才能治理好;在它混乱的时候去治理,就会更乱。民众的心里希望国家安定,他们做的事情却往往使国家动乱。所以使用刑罚,对民众犯的轻罪处以重的刑罚,那么轻微的犯罪就不会发生，严重的犯罪就不会出现，这就叫在国家安定的时候去治理。使用刑罚，对犯重罪的重罚，对犯轻罪的轻罚，那么轻微的犯罪不能杜绝，严重的犯罪就更无法制止了，这就叫在民众乱的时候去治理。所以轻罪重罚，那么刑罚能避免而社会也安定，国家就会强大；使用刑罚时重罪重罚而轻罪轻罚，那么虽然运用刑罚动乱却仍然发生，国家就会被削弱。

民勇，则赏之以其所欲；民怯，则杀之以其所恶①。故怯民使之以刑，则勇；勇民使之以赏，则死。怯民勇，勇民死，国无敌者，必王。

【注释】

①杀：消除。

【译文】

民众勇敢，那么国君就应该用民众想要的东西来奖赏他们；民众胆小，那么就用他们讨厌的东西消除他们的胆怯。因此对胆小的民众使用刑罚，那么他们就会变得勇敢；对勇敢的民众使用奖赏，那么他们就会拼死效力。胆小的民众变得勇敢，勇敢的民众拼死效力，国家没有可以抗衡的对手，一定能称霸天下。

民贫，则国弱；富，则淫。淫则有虱，有虱则弱。故贫者益之以刑①，则富；富者损之以赏②，则贫。治国之举，贵令贫者富，富者贫。贫者富，国强；富者贫，三官无虱③。国久强而无虱者，必王。

【注释】

①故贫者益之以刑：此句意谓用刑罚强迫穷苦的百姓从事耕战，来

　　增加财产。

②富者损之以赏：此句意谓用赏赐诱使富裕的百姓捐献财物，来减
　　少财产。

③三官：指农、商、官。虱：虱害，危害。

【译文】

　　民众贫穷，那么国家就弱；民众富裕，那么就会放纵自己。民众放
纵就会产生虱害，有了虱害国家就会被削弱。所以对穷人用刑罚迫使
他们参加耕战以增加收入，他们就会富足；对富裕的人用奖赏鼓励他们
捐献财物来减少财富，他们就会变穷。治理国家的措施，最重要的是使
贫穷的人变富裕，富裕的人变贫穷。贫困的人通过耕作变富裕，国家就
会强大；富裕的人捐出财物变贫困，农民、官吏、商人这三种职业就不会
有虱害产生。国家能长期保持强大又没有虱害产生，一定能称王天下。

　　刑生力，力生强，强生威，威生德，德生于刑①。故刑多，
则赏重；赏少，则刑重。民之有欲有恶也，欲有六淫②，恶有
四难③。从六淫④，国弱；行四难，兵强。故王者刑于九而赏
出一⑤。刑于九，则六淫止；赏出一，则四难行。六淫止，则
国无奸；四难行，则兵无敌。民之所欲万，而利之所出一。
民非一，则无以致欲，故作一。作一，则力抟⑥；力抟，则强。
强而用，重强。故能生力能杀力，曰攻敌之国，必强。塞私
道以穷其志⑦，启一门以致其欲。使民必先行其所恶，然后
致其所欲，故力多。力多而不用，则志穷；志穷，则有私；有
私，则有弱。故能生力，不能杀力，曰自攻之国，必削。故
曰：王者，国不蓄力，家不积粟。国不蓄力，下用也；家不积
粟，上藏也。

【注释】

①德：恩惠。

②六淫：指《去强》篇中所说的六种虱害。

③四难：指务农、力战、出钱、告奸四种人们厌恶的事。

④从：通"纵"，放任。

⑤九：虚数，意谓多。一：唯一，即农战。

⑥抟：集聚。

⑦穷：屈。志：指私心。

【译文】

刑罚能够衍生实力，实力能够衍生强大，强大能衍生威力，威力能衍生恩惠，恩惠从刑罚而来。因此刑罚多，那么奖赏就显得丰厚；奖赏少，那么刑罚就严厉。民众有喜欢的事情也有讨厌的事情，民众所喜欢的事中有六种虱害，他们讨厌的事有四种。国家放任民众中这六种虱害，国家实力会被削弱；国家推行这四种民众畏难的事，兵力就强大。所以能称王天下的君主刑罚运用于多个方面，奖赏却只从农战这一个途径给出。刑罚用的方面多，那么六种虱害就能制止；奖赏从农战这一个途径给出，那么四种畏难的事就能推行。六种虱害被制止，那么国家就没有奸邪之事；四种难做的事能推行，那么军队就没有敌手。民众的欲望成千上万，可是能获得赏赐的只有农耕和作战一条路。民众不认可这一条路，那么就无法获得他们想要的东西，所以民众专心从事农耕和作战。民众专心从事农耕和作战，那么力量就能集中；力量集中，国家就会强大。国家强大又能用来攻敌，国家就会强上加强。因此能够产生实力而又能使用实力的国家，叫做攻打敌人的国家，这样的国家一定强大。堵塞谋求个人私利的门路来断绝民众的私心，只打开农耕和作战这一条路满足民众的欲望。让民众一定先做他们所厌恶的事情，然后获得他们想得到的东西，所以国家的实力才能雄厚。实力雄厚却不用来攻敌，那么民众的愿望就会落空；民众的希望落空，那么民众就

会产生私心;民众有了私心,那么国家的实力就会被削弱。因此能够产
生实力,而不能使用实力,叫做自己攻打自己国家,一定会被削弱。所
以说:能够称王天下的君主,国家不储存实力,民众家中也不囤积粮食。
国家不储存实力,是为了调动民众的力量;民众的家中不贮存粮食,是
国家把粮食储藏在官仓中了。

　　国治:断家王①,断官强,断君弱。重轻,刑去。常官,则
治。省刑,要保②,赏不可倍也③。有奸必告之④,则民断于
心。上令而民知所以应,器成于家而行于官⑤,则事断于家。
故王者刑赏断于民心,器用断于家。治明,则同;治暗,则
异。同则行,异则止。行则治,止则乱。治,则家断;乱,则
君断。治国者贵下断,故以十里断者弱,以五里断者强。家
断则有余,故曰:日治者王。官断则不足,故曰:夜治者强。
君断则乱,故曰:宿治者削。故有道之国,治不听君,民不
从官。

【注释】
①断:决断。家:家族。王(wàng):称王。
②要(yāo):约定。保:指连保,连坐。
③倍:古同"背",违背,不守信用。
④告:告发。
⑤器:器物,产品。
【译文】
　　治理国家有三种情况:在家族中能决断的国家能称霸天下,由官吏
来决断的国家就强大,由国君来决断的国家就弱。轻罪重罚,犯罪就能
杜绝。按法规来选用官吏,国家就能治理好。减少刑罚,就要在民众中

建立连保制度,对那些应该行赏的不可失信。发现奸邪一定要告发它,那是由于民众的心中能判断是非。国君发布的命令民众明白应该响应,器物在民众的家中做成,得到官府的许可方可通行,那么事情在家中就能明确。所以成就霸业的君主奖赏和刑罚在民众心中明确,器物该是什么样在民众家中明确。社会政治清明,那么民众就会心齐;社会政治黑暗,那么民众就会产生异心。民众同君主同心,国家的法令就能执行;民众同君主异志,国家的法令就不能实行。国家的法令能执行,国家就能治理好;国家的法令不能实行,国家就会混乱。国家能治理好,民众在家族中就能判断对错;国家混乱,那就要君主做决断。治理国家最可贵的是在民众中做出决断,所以十个里以内做出决断的国家弱,在五个里以内做出决断的国家强。事情在民众家族就能决断,官府的办事时间就充足,因此说:当日办完政务的国家称王。事情都要到官府决断,官府的办事时间就会不足,因此说:在当夜把政务处理好的国家强大。政事必须由君主来决定,君主就会忙乱,所以说:第二天才能处理好政务的国家会削弱。因此治理得当的国家,官吏处理政务不必听从君主,民众处理事务也不必听从官吏。

算地第六

【题解】

算地，就是规划土地。这一节中商鞅论述了合理开发利用土地与强国的关系。"算地"是为了"任地待役"，即以地养战，保证军队的力量。其具体内容有：土地面积要和所居住的人口相适应；国土中山林、湖泊、溪流、都邑、道路、农田的比例要合理。而实现上述目标的方法是提高民众从事农耕的积极性。篇中指出国君要充分利用人类趋利避害的本性，制定严苛的法令堵塞显荣佚乐之途，以"利出于地"、"民资藏于地"的政策迫使百姓将力量投入到开荒种地上。

凡世主之患①：用兵者不量力②，治草莱者不度地③。故有地狭而民众者，民胜其地④；地广而民少者，地胜其民。民胜其地，务开⑤；地胜其民者，事徕⑥。开徕，则行倍⑦。民过地，则国功寡而兵力少；地过民，则山泽财物不为用。夫弃天物遂民淫者⑧，世主之务过也。而上下事之，故民众而兵弱，地大而力小。故为国任地者⑨：山林居什一，薮泽居什一，溪谷流水居什一，都市蹊道居什一，恶田居什二，良田居什四，此先王之正律也。故为国分田数⑩：小亩五百⑪，足待一役,此地不任也。方土百里,出战卒万人者,数小也。此其垦田足以食其民,都邑遂路足以处其民,山林、薮泽、溪谷足以供其利,薮泽隄防足以畜⑫。故兵出,粮给而财有余;兵休,民作而畜长足⑬。此所谓任地待役之律也。

【注释】

①患:弊病。

②量:审度。

③草莱:指荒地。度(duó):度量。

④胜:超过。

⑤务:从事。开:开垦。

⑥徕:招徕。

⑦行:将。

⑧遂:顺遂。淫:放纵。

⑨任:使用,利用。

⑩数:指分配给田地的赋税数和兵役数。

⑪小亩:周制之亩,一百方步。秦制之亩,二百四十方步。

⑫隄:同"堤"。

⑬作:劳作,指务农。畜(xù):积蓄。

【译文】

一般国君犯的弊病是:用兵作战时不衡量自己的实力,开垦荒地时不计算好土地。因此有地方狭小而人口众多的情况,那是人口的数量超过了其所拥有的土地;也有土地广阔而人口稀少的情况,那是土地面积超过了人口数量。人口数量超过其拥有的土地,就要致力开垦荒地;土地面积超过人口,就要想办法招徕人口开荒。开垦荒地招徕外民,国力将成倍地增长。人口超过了其拥有的土地,那么国家取得的功绩就少而且兵力不足;土地面积超过人口数量,那么国家的山林、湖泽的财力物力就不会得到充分利用。放弃自然资源而放纵民众游手好闲,这是君主在行政上的过失。可是现在上上下下都这么做,因此,人口虽多而军队的实力却很弱,土地虽广而国家的实力却很小。所以君主统治国家利用土地的比例应该是:山林占十分之一,湖泊沼泽占十分之一,河流占十分之一,城市、道路占十分之一,薄地占十分之二,良田占十分之四,这是前代帝王的明确规定。所以治理国家给民众分配耕地的田赋数和兵役数是:五百小亩土地国家得到的税收,足以养活打一次战役的士兵,这是地力还没有充分利用。土地方圆百里,派出兵士一万人,这个数目也小。所以,让国家可耕种的土地足以养活那里的民众,城市乡村道路足够民众居住,山地、森林、湖泊、沼泽、山谷足够供应民众各种生活物资,湖泊、沼泽的堤坝足够积蓄水源。因此军队出征作战,粮食的供应充足而财力有余;战事结束时,民众都从事农耕而积存经常富足。这就叫以地养战的规则。

今世主有地方数千里,食不足以待役实仓,而兵为邻敌,臣故为世主患之。夫地大而不垦者,与无地同;民众而不用者,与无民同。故为国之数①,务在垦草;用兵之道,务在壹赏。私利塞于外,则民务属于农②;属于农,则朴;朴,则畏令。私赏禁于下,则民力抟于敌③;抟于敌,则胜。奚以知其然也④?夫民之情,朴则生劳而易力⑤,穷则生知而权利⑥。易力则轻死而乐用,权利则畏罚而易苦⑦。易苦则地力尽,乐用则兵力尽。夫治国者,能尽地力而致民死者,名与利交至。

【注释】

①数:术。

②属（zhǔ）：依托。

③抟（tuán）：聚集。

④奚：何，疑问副词。

⑤劳：劳作。易力：以出力为易。

⑥知：同"智"。权利：权衡利弊。

⑦苦：指农作。后文云："夫农，民之所苦。"

【译文】

现在君主拥有方圆几千里的土地，粮食还不够用来供养兵卒、装满粮仓，可是军队却与邻国为敌，所以我为君主担忧这件事。土地广大却不去开垦，和没有土地一样；人口众多却不能利用，和没有民众一样。所以治理国家的方法，一定是开垦荒地；用兵的办法，关键在于统一奖赏的条件。堵塞民众从耕战之外获得私利的途径，那么民众就一定会依附于农耕；民众依附于农业，那么就一定淳朴；民众淳朴，那么就一定害怕法令。禁止臣子在下面私自行赏，那么民众的力量就会集中到对敌国作战上；集中于对敌作战，就一定能获胜。怎么知道会这样呢？人之常情，朴实就会劳作而不吝惜自己的力气，贫穷就会产生智谋而衡量个人得失。以出力为易事就会不怕死而乐于被君主使用，权衡利弊就会害怕刑罚而以劳苦耕作为易。以苦为易就能够尽地力，乐于被君主使用就会最大地发挥兵力。治理国家的人，能够尽地力又能够让百姓效死，名和利就都得到了。

民之性：饥而求食，劳而求佚①，苦则索乐，辱则求荣，此民之情也。民之求利，失礼之法；求名，失性之常。奚以论其然也？今夫盗贼上犯君上之所禁，而下失臣民之礼，故名辱而身危，犹不止者，利也。其上世之士，衣不煖肤②，食不满肠，苦其志意，劳其四肢，伤其五脏，而益裕广耳③，非生之常也④,而为之者,名也。故曰:名利之所凑⑤,则民道之。

【注释】

①佚:安逸。

②煖(nuǎn):同"暖"。

③裕:多。

④生:古同"性",指天性,本性。

⑤凑:聚集。

【译文】

人天生的本性是:饿了就要寻找食物,累了就寻求安逸,痛苦了就寻找欢乐,屈辱了就追求荣耀,这是人之常情。人追求个人私利,就会违背礼制;追求名誉,就会丧失人的本性。根据什么说他们这样呢?现在盗贼对上违反了君主的禁令,而在下面丧失了臣子的礼仪,因此他们的名声不好而生命也有危险,他们仍然不停止,这是因为利益的关系。那些古代的名士,穿的衣不蔽体,吃的不能填饱胃肠,磨炼自己的意志,辛劳自己的四肢,伤害自己的五脏,这样的人物很多,这不是正常的人性,他们这样做的原因,是因为名利。所以说:名和利之所在,民众就会趋向它。

主操名利之柄而能致功名者,数也。圣人审权以操柄①,审数以使民②。数者,臣主之术,而国之要也。故万乘失数而不危③,臣主失术而不乱者,未之有也。今世主欲辟地治民而不审数,臣欲尽其事而不立术。故国有不服之民,主有不令之臣④。故圣人之为国也,入令民以属农⑤,出令民以计战⑥。夫农,民之所苦;而战,民之所危也⑦。犯其所苦⑧,行其所危者,计也。故民生则计利,死则虑名。名利之所出，不可不审也。利出于地，则民尽力；名出于战，则民致死。入使民尽力，则草不荒；出使民致死，则胜敌。胜故而草不荒，富强之功可坐而致也。

【注释】

①审权：审慎运用权势。操柄：把持权柄。

②审数：讲究统治方法。

③乘(shèng)：车辆。古代四匹马拉的一辆兵车为一乘。

④不令：不听从命令。

⑤属：通"瞩"，关注。

⑥计：衡量利害。

⑦危：以为危险，害怕。

⑧犯：触及，此指从事。

【译文】

　　君主掌握着给予民众名和利的大权而能使国家功名兼得的原因，是统治方法。圣明的君主审慎运用权势来操控权柄，审视统治方法再役使民众。统治方法，是为君之术，也是治国的关键。所以拥有万辆兵车的大国统治失误却不危险，君主统治方法失误而国家不混乱的情况，从没有过。现在君主想要开辟土地统治民众却不审视统治政策，大臣想要尽责而不确立治国方法。所以国家有不服从的民众，君主有不听命的大臣。因此圣明的君主治理国家，在国内让民众来关注于农业，对外让民众谋划对敌作战。农耕，是民众认为辛苦的事；而打仗，是民众认为危险的事。民众肯做自己认为辛苦的事，干自己认为危险的事，这是出于一种利害的衡量。所以民众活着就要衡量自己的利益，死也会考虑自己的名望。对名和利的来源，不能不仔细考察。利来源于土地，那么民众就会尽力耕地；名来源于对外作战，那么民众就会拼死作战。在国内让民众尽力种地，那么地就不会荒芜；对外让民众拼死作战，就能战胜敌国。能战胜敌国而土地又不荒芜,富强的局面便唾手可得了。

今则不然。世主之所以加务者,皆非国之急也。身有尧、舜之行,而功不及汤、武之略者①,此执柄之罪也②。臣请语其过:夫治国舍势而任谈说,则身修而功寡③。故事《诗》、《书》谈说之士,则民游而轻其君;事处士④,则民远而非其上;事勇士,则民竞而轻其禁⑤;技艺之士用,则民剽而易徙⑥;商贾之士佚且利,则民缘而议其上⑦。故五民加于国用,则田荒而兵弱。谈说之士资在于口,处士资在于意,勇士资在于气,技艺之士资在于手,商贾之士资在于身。故天下一宅,而圜身资⑧。民资重于身,而偏托势于外⑨。挟重资,归偏家⑩,尧、舜之所难也。故汤、武禁之,则功立而名成。圣人非能以世之所易胜其所难也,必以其所难胜其所易。故民愚,则知可以胜之;世知,则力可以胜之。臣愚,则易力而难巧;世巧,则易知而难力。故神农教耕而王天下,师其知也;汤、武致强而征诸侯,服其力也。今世巧而民淫,方倣汤、武之时⑪,而行神农之事,以随世禁⑫。故千乘惑乱,此其所加务者,过也。

【注释】

①略:获得,收获。

②执柄:指君主。

③修:修养。

④处士:有才德而隐居不仕的人。

⑤竞:强悍。

⑥剽：轻捷。

⑦缘：攀附。

⑧圜（huán）：环绕。

⑨偏：通"遍"。

⑩偏：偏私。

⑪方傚：仿效。

⑫随：此处借为"堕"，毁坏。

【译文】

　　现在却不是这样。国君竭力做的，都不是国家当务之急的事情。他们身上有尧、舜的品德，但他们所建立的功绩却赶不上商汤和周武王的建树，这是他们掌握权柄之人的过错。请让我说说他们的过错：治理国家放弃统治方法而任用喜欢空谈的人，那么自身修养好可功绩却少。所以任用读《诗》《书》的空谈之士，那么民众就会四处游荡而轻视君主；任用那些隐逸之士，那么民众就会疏远君主并且诽谤君主；任用勇士，那么民众就会强悍而不重视君主的禁令；手工业者被任用，那么民众就轻浮好动而喜欢迁移；有钱的商人生活安逸而且能够赚钱，那么民众就会攀附他们而议论君主。如果这五种人被国家任用，那田地就会荒芜而军队的战斗力会削弱。空谈之人的资本在于巧言善辩，隐士的资本在于他的心志高洁，勇士的资本在于勇气，手工业者的资本在于一双巧手，商人的资本在于他自身。所以这些人以四海为家，因为周身就是他们的资本。民众把自己谋生的资本看得比生命还重要，而在国外到处寻求势力来依附。挟带借以安身立命的资本，归附于私门，就是像尧、舜那样的贤明君主也难以将国家治理好。因此商汤和周武王下令禁止这种情况，而功成名就。圣明的君主不是能够用世上容易做到的驾驭难以做到的，一定是用难以做到的来驾驭容易做到的。如果人们愚昧，那便可以用智慧战胜他们；世上的人有智慧，就可以用力量战胜他们。人们愚昧，那么他们就以出力为易而以技巧为难；世人有技巧，则以智慧为易而以出力为难。所以神农教会人们耕田而成为天下帝王，这是因为人们要学习他的智慧；商汤和周武王创造了强大的军队而征服天下诸侯，这是因为诸侯们屈服于他们的强力。现在世人多机巧而且民众多放荡，正是仿效商汤和周武王的时候，可是君主们却做神农当年做的事，犯了治国的禁忌。所以拥有千辆兵车的大国也混乱，这是因为他们特别认真去做的事情，都是错的。

民之生①：度而取长，称而取重，权而索利。明君慎观三者，则国治可立，而民能可得。国之所以求民者少，而民之所以避求者多。入使民属于农，出使民壹于战。故圣人之治也，多禁以止能②，任力以穷诈③。两者偏用，则境内之民壹；民壹，则农；农则朴；朴则安居而恶出。故圣人之为国也，民资藏于地，而偏托危于外④。资藏于地则朴，托危于外则惑。民入则朴，出则惑，故其农勉而战戢也⑤。民之农勉则资重，战戢则邻危。资重则不可负而逃，邻危则不归于外。无资归危外托，狂夫之所不为也。故圣人之为国也，观俗立法则治；察国事本则宜。不观时俗，不察国本，则其法立而民乱，事剧而功寡⑥。此臣之所谓过也。

【注释】

①生：天性，本性。

②能：能力，此指农耕以外的能力。

③穷：杜绝。

④偏：少。托：凭借。危：通"诡"，欺诈。

⑤戢（jí）：聚。

⑥剧：多。

【译文】

人之常情：用尺量的东西会选取长的，用秤来称的东西就会选取重的，衡量个人的得失会选择对自己有利的。英明的君主认真思量这三种情况，那么治理国家的原则就能确立，而民众的才能就可以得到利用了。国家对民众的要求不多，可民众躲避国君要求的办法很多。在内役使民众依附于农业，对外让民众专心于作战。所以圣明的君主治理国家，制定很多禁令来限制民众农战以外的才能，任用民力来杜绝欺诈行为。这两个办法推广使用，那国内的民众就会一心；民众一心，就会专心务农；专心务农，就会朴实；民众朴实，就会安于居所而厌恶外出。所以圣明的君主治理国家，让民众将收入来源寄托在土地上，而很少能够凭借欺诈在外安身。民众将收入来源寄托到土地里就会朴实，而凭借欺诈在外安身就会疑惑。民众在国内朴实，在国外疑惑，所以他们从事农耕尽力而作战时能够集聚团结。民众努力从事农业生产财物就会增多，作战能够集聚团结邻国就会危险。民众财物多就不容易带着出逃，邻国危险就不会去投靠。没有资本凭借欺诈投身外国，就是疯子也不会这么做。所以圣明的君主治理国家，观察风俗来确立法规就能把国家治理好；根据国情从事根本之业就能治理得当。不观察当时的风俗，不考察国家的根本，那么国家法令制定了而民众却混乱；政务繁忙而功绩少。这就是我所说的过失啊。

夫刑者，所以禁邪也；而赏者，所以助禁也。羞辱劳苦者，民之所恶也；显荣佚乐者，民之所务也。故其国刑不可恶，而爵禄不足务也，此亡国之兆也。刑人复漏①，则小人辟淫而不苦刑②，则徼倖于上以利求③。显荣之门不一，则君子事势以成名。小人不避其禁，故刑烦④。君子不设其令，则罚舛。刑烦而罚行者，国多奸。则富者不能守其财，而贫者不能事其业，田荒而国贫。田荒，则民诈生；国贫，则上匮赏。故圣人之为治也，刑人无国位⑤，戮人无官任⑥。刑人有列，则君子下其位；衣锦食肉，则小人冀其利。君子下其位，则羞功；小人冀其利⑦，则伐奸⑧。故刑戮者所以止奸也，而官爵者所以劝功也。今国立爵而民羞之，设刑而民乐之。此盖法术之患也。故君子操权一正以立术⑨，立官贵爵以称之，论劳举功以任之。则是上下之称平。上下之称平，则臣得尽其力，而主得专其柄。

【注释】

①复：掩藏。漏：漏网。

②辟：邪僻，不老实。苦：惧怕。

③徼倖：侥幸。

④烦：多。

⑤刑人：受刑之人。

⑥戮人：罪人。

⑦冀：希望。

⑧伐：夸耀。

⑨正：政。

【译文】

　　刑罚，是用来禁止奸邪的手段；赏赐，是用来辅助禁止奸邪的手段。羞辱劳苦，是人民所憎恶的；显荣逸乐，是人民所追求的。所以如果国家的刑罚不令人惧怕，而爵禄不能吸引百姓去追求，这就是亡国的预兆了。如果该受刑罚的人能够躲避逃脱，那么百姓就邪僻放纵而不惧怕刑罚，就会对于君上存着侥幸的心理而去追求私利。如果显荣不出于一途，那么官吏就要攀附权势贵族来获取名誉。百姓不避国家的禁令，所以触犯刑罚的情况就要繁多。官吏不执行法令,刑罚就要错乱。刑罚名目繁多而又错乱,就使国家的奸行多。这样富人就不能保有他们的财产,穷人就不得从事他们的职业,土地就荒废,国家就贫穷。土地荒废,民众中会有欺诈产生;国家贫穷,国君就缺少财物进行赏赐。所以圣人治国,受过刑的人在社会上没有地位,犯过罪的人在朝廷上没有官做。如果受过刑的人位列朝班,官吏就会看不起自己的地位;如果犯过罪的人锦衣玉食,百姓就会贪图他们获得的利益。官吏看不起自己的职位,就会以自己忠于职守为可耻;百姓贪图非分的利益,就会以自己的奸巧为夸耀的资本。所以刑罚是禁止人们作奸的手段,而官爵是鼓励人们立功的手段。现在国家设置官爵而人们以忠于职守为耻,制定刑罚而人们以犯法为荣。这就是在法度方针上有弊病。因此国君必须掌握大权统一政策而制定统治方针,封官授爵来奖励民众,按照功劳来任用群臣。这样上上下下就会平衡。上下平衡,臣民就能为国尽力,国君也就能掌握统治权力。

开塞第七

【题解】

开塞,即开启阻塞的道路,更深一层则可以理解为清除政治统治中的弊端。篇中将人类政治生活的发展总结为三个阶段,三个阶段治理的方法不同是因为社会生活的实际不同。所以,治理国家就要既不效法古代,也不拘泥现有制度。拘泥于现有的制度就会阻塞政治的进步,这就是政治的弊端。本文认为时代在不断变化,现在的民众失去了先民的朴厚而变得奸诈虚伪,面对这种状况,先前儒家的仁政就行不通了,而只能用法制。法制的基本原则是刑多赏少,目的是以刑去刑。因而法制看似严苛,却能够禁止民众不犯法,是对民众最大的保障。法制看似与儒家的仁义相反,却与德治殊途同归。法制才是当时清除社会弊端的必要手段。本文中有些观点重复前篇,有些观点则令人耳目一新,如"有法不胜其乱,与无法同",说明本文不仅仅强调法制在政治中的作用,还强调法制的执行力,这不失为一种明见。

天地设而民生之。当此之时也,民知其母而不知其父,其道亲亲而爱私①。亲亲则别②,爱私则险③。民众,而以别险为务,则民乱。当此时也,民务胜而力征④。务胜则争,力征则讼,讼而无正,则莫得其性也⑤。故贤者立中正,设无私,而民说仁⑥。当此时也,亲亲废,上贤立矣⑦。凡仁者以爱利为务,而贤者以相出为道⑧。民众而无制,久而相出为道,则有乱。故圣人承之,作为土地、货财、男女之分。分定而无制,不可,故立禁;禁立而莫之司⑨,不可,故立官;官设而莫之一,不可,故立君。既立君,则上贤废而贵贵立矣⑩。然则上世亲亲而爱私,中世上贤而说仁,下世贵贵而尊官。上贤者以道相出也,而立君者使贤无用也。亲亲者以私为道也,而中正者使私无行也。此三者非事相反也,民道弊而所重易也,世事变而行道异也。

【注释】

①亲亲:爱亲人。

②别:别亲疏。

③险:邪恶。

④征:夺取。

⑤性:欲。

⑥说:同"悦"。

⑦上:尚。

⑧出:推出。

⑨司:掌管。

⑩贵贵:尊重权贵。

【译文】

　　开天辟地之后人类就诞生了。在这个时候,人们只知道自己的母亲却不知道自己的父亲,他们处世的原则是爱自己的亲人而喜欢私利。爱自己的亲人就会区别亲疏,喜欢谋求私利就会心存邪恶。民众多,又都区别亲疏、心存邪恶,那人类就会混乱。这个时期,民众都尽力压制对方来竭力夺取财物。压制对方就会争斗,夺取财物就产生纠纷,发生了纠纷却没有一个公平的办法来解决,那就没有谁会顺心。所以贤者确立了公正的标准,奉行无私的原则,因此人们喜欢仁爱。在这个时候,只爱自己亲人的狭隘思想被废除了,崇尚有德之人的思想被确立了。凡是仁爱的人都把爱护别人、利他当做自己的本分,而贤人把推举贤人当做道义。人口众多而没有制度,长期把推举贤人作为治理准则,就又乱了。所以圣人顺应社会的发展,规定了土地、财货、男女等的归属。名分确定了而没有制度,不行,因此设立了法令;法令确立了而没有人来管理,不行,因此又设立了官职;官吏有了而没有人统一领导,不行,所以设立了君主。君主确立了,崇尚贤德的思想就废除了,而尊重权贵的思想又树立了起来。如此看来,远古时代人们爱自己的亲人而喜欢私利,中古时代人们推崇贤人而喜欢仁爱,近世人们的思想是推崇权贵而尊重官吏。崇尚贤德的人所遵循的原则是推举贤人,可是设立了君主的地位崇尚贤人的方法就没有用了。爱亲人是以自私自利为原则的,而奉行不偏不倚的公正之道,自私自利便行不通了。这三个时代不是行事互相违背,而是世风变化使人们所重视的东西变了,社会形势变了人们所要施行的政策也就不一样了。

故曰:王道有绳①。夫王道一端,而臣道亦一端,所道则异,而所绳则一也。故曰:民愚,则知可以王②;世知,则力可以王。民愚,则力有余而知不足;世知,则巧有余而力不足。民之生:不知则学,力尽而服。故神农教耕而王天下,师其知也;汤、武致强而征诸侯,服其力也。夫民愚,不怀知而问;世知,无余力而服。故以知王天下者并刑③,以力征诸侯者退德。

【注释】

①绳：标准。

②知：同"智"，智慧。

③并：屏除。

【译文】

所以说：君王统治天下是有准绳的。君王统治天下是一个途径，而大臣辅助君主治理天下又是一个途径，他们所行的途径不同，而他们所奉行的准则却是一样的。所以说：民众愚笨，那么以智慧就能称王天下；世人聪慧，那么以实力就可称王天下。民众愚笨，就会力量有余而智慧不足；世人聪慧，就会聪明有余而实力不足。人的本性：无知就要向人学习，力量用尽了就会服输。所以神农教会人们从事农业生产而称王天下，这是因为人们要学习他的智慧；商汤和周武王拥有强大的实力而征服了诸侯，这是屈服于他的实力。民众愚笨，心中没有知识就要向别人请教；世人聪明，可是当力量用尽时就会屈服。所以靠智慧称王天下的人就会抛弃刑罚，用实力来征服诸侯的人就不用德政。

　　圣人不法古，不修今①。法古则后于时，修今则塞于势。周不法商，夏不法虞。三代异势，而皆可以王。故兴王有道，而持之异理②。武王逆取而贵顺③，争天下而上让。其取之以力，持之以义。今世强国事兼并，弱国务力守，上不及虞、夏之时，而下不脩汤、武。汤、武之道塞，故万乘莫不战，千乘莫不守。此道之塞久矣，而世主莫之能废也④，故三代不四。非明主莫有能听也，今日愿启之以效。

【注释】

①修：遵循。

②持：守。

③逆取：周武王以诸侯的身份夺取帝位，不符合古代的礼法，故曰"逆"。

④废：通"发"。

【译文】

圣人不效法古人，也不遵循今人。效法古人就会落后于时代，遵循今人就会被社会形势阻碍。周不效法商，夏不效法虞舜时代。三代社会形势不同，却都能够称王天下。所以建立王业有一定的方法，而守住王业的办法却不相同。周武王靠叛逆的方法夺取政权却推崇顺从君主，用武力夺取天下却崇尚谦让。周武王夺取天下靠的是暴力，守业靠的却是礼制。现在强国致力于用武力兼并别国，弱国则尽力防守，远不及虞、夏两个时代，而近不遵循商汤、周武王的治国原则。商汤、周武王的治国之道被堵塞了，所以有万辆兵车的国家没有不征战的，有千辆兵车的国家没有不防守的。商汤、周武王统一天下的方法已经被塞堵很久了，可现在的君主没有谁能开启这些方法，因此没有出现第四个像夏、商、周三代那样的朝代。不是英明的君主不能听进去我的这番话，今天我愿意用实际效果来说明这个道理。

古之民朴以厚，今之民巧以伪。故效于古者，先德而治；效于今者，前刑而法。此俗之所惑也。今世之所谓义者，将立民之所好，而废其所恶。此其所谓不义者，将立民之所恶，而废其所乐也。二者名贸实易①，不可不察也。立民之所乐，则民伤其所恶；立民之所恶，则民安其所乐。何以知其然也？夫民忧则思，思则出度②；乐则淫，淫则生佚③。故以刑治，则民威④；民威，则无奸；无奸，则民安其所乐。以义教，则民纵；民纵，则乱；乱，则民伤其所恶。吾所谓刑者，义之本也;而世所谓义者,暴之道也。夫正民者,以其所恶,必终其所好;以其所好,必败其所恶。

【注释】

①贸:交换,颠倒。

②出:生。

③佚:安逸。

④威:畏惧。

【译文】

古代的民众淳朴又敦厚,现在的民众欺诈而虚伪。所以在古代有效的方法,就是把教化民众放在首位实行德治;现在治理国家有效的方法,就是把使用刑罚放在前面实行法治。这是世俗之人不能理解的。现在社会上所说的"义",就是要建立民众所喜好的,废除民众所厌恶的。现在社会上所说的"不义",就是要确立民众所讨厌的,废除民众的所喜欢的。现在二者名实颠倒,不可以不弄清楚。确立民众所喜欢的,那么民众就会被他们所讨厌的东西伤害;确立民众所讨厌的,那民众就会享受他所喜欢的东西。怎么知道会这样呢? 人忧虑就要思考,思考了做事就能合乎法度;人快乐就放纵,放纵就会懒惰。因此用刑罚治理,那么民众就会畏惧;民众畏惧,那么就不会有邪恶的事发生;没有邪恶的事发生,那么民众就可以享受他们的快乐了。用道义来教化,那么民众就会放纵自己;民众放纵自己,那么就会作乱;民众作乱,那么就会被民众所讨厌的东西伤害。我所说的"刑",就是实施道义的根本;而世人说的"义",是暴乱的原因。治理民众的人,用民众所讨厌的东西去治理,最终民众一定能得到他们所喜欢的;用民众所喜欢的来治理,民众一定受害于他们讨厌的东西。

　　治国刑多而赏少。故王者刑九而赏一,削国赏九而刑一。夫过有厚薄^①，则刑有轻重；善有大小，则赏有多少。此二者，世之常用也。刑加于罪所终，则奸不去；赏施于民所义，则过不止。刑不能去奸而赏不能止过者，必乱。故王者刑用于将过，则大邪不生；赏施于告奸，则细过不失。治民能使大邪不生，细过不失，则国治。国治必强。一国行之，境内独治。二国行之，兵则少寝^②。天下行之，至德复立。此吾以杀刑之反于德而义合于暴也^③。

【注释】

①过：过失，错误。厚薄：大小。

②寝：休。

③反：古同"返"。

【译文】

　　政治修明的国家刑罚多而赏赐少。所以称王天下的国家，刑罚占十分之九，奖赏占十分之一；政治混乱削弱的国家，奖赏占十分之九，刑罚占十分之一。人的罪过有大有小，所以朝廷的刑罚有重有轻；人的善行有大有小，所以朝廷的赏赐有多有少。这两种，是世人常用的方法。刑罚在人民已经犯了罪后使用，那么奸邪就不会断绝；赏赐用在人民所认为的"义"的上面，那么犯罪的事就不能杜绝。刑罚不能除去奸邪，赏赐不能遏止罪过，国家必乱。因此就成王业的国君把刑罚用在人民将要犯罪的时候，那么大的奸邪就不产生；把赏赐用在告发犯罪方面，那么小的罪过也不会漏网。治理人民能够使大的奸邪不产生，使小的罪过不漏网，那么国家就得到治理了。国家得到治理就必定强大。一个国家这样做，他的国家就可以独享清明的政治。两个国家这样做，那么战争就可以有所止息。天下都这样做，最高的道德就会重新建立起来。所以我认为杀戮、刑罚能够合乎道德，而"义"反倒合于残暴。

古者民藂生而群处^①，乱，故求有上也。然则天下之乐有上也，将以为治也。今有主而无法，其害与无主同；有法不胜其乱，与无法同。天下不安无君，而乐胜其法，则举世以为惑也。夫利天下之民者莫大于治，而治莫康于立君^②。立君之道莫广于胜法^③，胜法之务莫急于去奸，去奸之本莫深于严刑。故王者以赏禁，以刑劝。求过不求善，藉刑以去刑^④。

【注释】

①藂（cóng）："丛"的俗体，聚集，丛生。

②康：安。

③胜法：任法。

④藉（jiè）：同"借"，借助。

【译文】

古代人们聚集在一起群居，秩序混乱，所以要求有首领。那么天下之人愿意有首领，是为了让他治理天下。现在有君主而没有法规，它的危害与没有君主相同；有了法规而不能制止混乱，和没有法规相同。天下的人都不希望没有国君，却又喜欢摆脱他的法律约束，那么天下的人就都会感到迷惑。对天下民众有利的事没有比治理天下更大的，而治理国家没有比确立君主的统治地位更好的事。确立君主的原则没有比施行法治的意义更大的，实施法治的任务没有比除掉邪恶更急迫的，去掉邪恶的根本没有比严苛刑罚更重要的。所以称王天下的君主用赏赐禁止民众犯罪，用刑罚规范民众。追究民众的过错而不理会民众的善举，借用刑罚以消除犯罪。

壹言第八

【题解】

壹言，就是论统一，具体而言就是"国务壹"、"壹民务"。"国务壹"就是国家政令统一，有明确的规范，这样民众才能够服从调配，国家的力量才能够显现，才能够强大。"壹民务"就是民众所从之业统一，即专心从事农耕和作战，国家就能够富强。达到"壹"的办法是"开公利塞私门"。文中谈到了"开"与"塞"、"抟力"与"杀力"的辩证法，颇有新意。本文如同前篇，仍然一贯地强调法制，强调根据社会现状立法。

凡将立国，制度不可不察也，治法不可不慎也，国务不可不谨也，事本不可不抟也。制度时^①，则国俗可化，而民从制；治法明，则官无邪；国务壹，则民应用；事本抟，则民喜农而乐战。夫圣人之立法化俗，而使民朝夕从事于农也，不可不知也。夫民之从事死制也^②，以上之设荣名、置赏罚之明也，不用辩说私门而功立矣。故民之喜农而乐战也，见上之尊农战之士，而下辩说技艺之民^③，而贱游学之人也。故民壹务，其家必富，而身显于国。上开公利而塞私门，以致民力；私劳不显于国，私门不请于君。若此而功臣劝，则上令行而荒草辟，淫民止而奸无萌。治国能抟民力而壹民务者，强；能事本而禁末者^④，富。

【注释】

①时：合于时宜。

②从事：做事。死制：死于制，为遵从国家法制而死。制，法令。

③下：轻视。

④末：末业，指工商业。

【译文】

　　凡是要建立国家，对于制度的订立不能不仔细考虑，政策法令的制定不能不慎重研究，国家的政务不可不谨慎处理，从事国家的根本之业不能不集中力量。国家的制度合于时宜，那么国家的风俗就能改变，而民众就服从制度；政策法度清明，那么官吏就不会做邪恶的事；国家的政务统一，那么民众就服从国家调用；从事国家的根本之业集中力量，那么民众就会喜欢农耕而愿意去打仗。圣人确立法令政策而改变风俗的目的，是让民众早晚从事农耕，这是不能不弄明白的。民众所以肯为国家拼死效力，那是因为君主设立了荣誉和爵位、制定了明的奖赏和惩罚的制度，民众不用靠空谈、请托私人门路便能建功立业。民众所以喜欢从事农耕而愿意打仗，是因为看见君主尊重从事农耕和作战的人，轻视那些喜欢空谈和靠技艺吃饭的民众，更鄙视到处游说的人。所以民众专心从事农战，他的家一定富裕，而且自己也会在国中显贵。君主开启公利而堵住行私的门路，用这种办法吸引民众的力量；为私人效力不能在国家中显达，私人也不能在君主面前请托。如果这样为国立功的人得到鼓励，那么君主的命令就能执行而荒地就能得到开垦，民众就会停止四处游荡而犯罪现象也就不会发生。治理国家能集聚民众的力量专心从事务农作战，国家就会强大；能够使民众从事根本之业而禁止商业、手工业，国家就会富足。

　　夫圣人之治国也,能抟力,能杀力。制度察则民力抟,抟而不化则不行,行而无富则生乱。故治国者,其抟力也,以富国强兵也;其杀力也,以事敌劝民也①。夫开而不塞,则知长②;长而不攻③,则有奸。塞而不开,则民浑④;浑而不用,则力多;力多而不攻,则有虱。故抟力以壹务也,杀力以攻敌也。治国者贵民壹,民壹则朴,朴则农,农则易勤,勤则富。富者废之以爵⑤,不淫;淫者废之以刑,而务农。故能抟力而不能用者必乱,能杀力而不能抟者必亡。故明君知齐二者⑥,其国强;不知齐二者,其国削。

【注释】

①事(zì):也作"剚",刺杀。

②知:同"智"。长:增长。

③攻:攻打敌国。

④浑:糊涂、愚昧。

⑤废:衰败,此指削减。

⑥齐:古"剂"字,调剂。

【译文】

　　圣明的君主治理国家,能凝聚民众的力量,也能消耗民众的力量。制定制度时考虑周全民众的力量就能集中,民众的力量集中了却不引导民众的力量就发挥不了,民众为国家出力却不能使自己致富就会发生动乱。因此,治理国家,凝聚民众的力量,是为了使国家富裕军队强大;消耗民众的力量,是为了消灭敌人鼓励民众立功。如果国君只打开为国出力受赏的门而不堵住为私人效力请托的门路,那么民众的想法就会增加;民众的想法多了而不攻打敌国,那么就会产生邪恶。堵住私人门路而不打开为国家出力受赏的门路,那么民众就会愚昧;民众愚昧又不被使用，那么民众的力量就会增长；民众的力量增长又不攻打敌国，那么就会产生虱害。所以集中民众的力量用于专心务农，消耗民众的力量用来攻击敌人。治理国家贵在使民众努力的目标一致，民众专一就淳朴，淳朴就会务农，民众务农就会变得勤劳，勤劳就会富裕。让富人用官爵消耗他们的财产，他们就不会放纵；用刑罚制止放荡之人的行为，他们就会去务农。所以能集中民众的力量而不能使用民众的力量的国家一定会动乱，只能使用民众的力量而不能集中民众的力量的国家一定灭亡。因此君主知道调剂这两个方面，国家就强大；君主不知道调剂这两个方面，这个国家就会被削弱。

夫民之不治者，君道卑也①；法之不明者，君长乱也。故明君不道卑、不长乱也。秉权而立，垂法而治②，以得奸于上，而官无不③；赏罚断，而器用有度。若此，则国制明而民力竭，上爵尊而伦徒举④。今世主皆欲治民，而助之以乱。非乐以为乱也，安其故而不窥于时也。是上法古而得其塞，下修今而不时移⑤，而不明世俗之变，不察治民之情。故多赏以致刑，轻刑以去赏。夫上设刑而民不服，赏匮而奸益多。故民之于上也，先刑而后赏。故圣人之为国也，不法古不修今，因世而为之治，度俗而为之法。故法不察民之情而立之，则不成；治宜于时而行之，则不干⑥。故圣王之治也，慎法、察务，归心于壹而已矣。

【注释】

①卑：卑下，此指平庸。

②垂法：运用法律。

③不：同"否"（pǐ），恶也。

④伦徒：民众。

⑤时移：因时而变。

⑥干（gān）：干犯，触犯。

【译文】

民众没有治理好的原因，是因为君主采取的政治措施不高明；国家的法规不能严格执行的原因，是因为君主助长了动乱。所以英明的君主不能采取平庸的统治措施，不能助长动乱。国君掌握大权主持朝政，运用法律治理国家，在上能够捕获奸邪之人，而官吏也就没有邪恶的行为；赏罚决断有据，做出的各种器物有一定的规矩。如果这样，那么国家的制度清楚而民众的力量也能被充分使用，君主设置的爵位尊贵而民众也能被任用。现在各国的君主都想要治理好民众，却滋长了动乱。并不是他们乐于让民众动乱，是因为他们固守过去的陈规旧习而不清楚当前的形势。这样的话，他们虽然向上效法古代而得到的东西却在今天行不通，向下拘守现状却不能够因时而变，不明白社会风俗在变化，不了解治理民众的实际。因此滥用奖赏反而招致了使用刑罚，减少刑罚又使奖赏没有效用。君主设立了刑罚而民众不服从，奖赏用尽了财物而邪恶犯罪的事情更多。所以民众对于国君，都是先接受刑罚的约束而后受到奖赏。因此，圣明的君主治理国家，不效法古代不拘守现状，根据社会发展的具体情况来制定相应的政策，考察社会风俗来制定法令。假如法度不考察民众的实际情况而设立，就不会成功；政策能适应当时形势来推行，就不会被抵触。所以英明的君主治理国家，一定慎重立法、考察时势，将精力集中在农耕和作战上。

错法第九

【题解】

错法，即建立法度。错，通"措"。这里所说的法，主要是指赏罚。本篇论述了法的根本和重要性。法的根本是赏罚分明，任用和赏赐一定根据其人的功劳，而不是出于私人的意志。否则，就会"有爵行而兵弱者，有禄行而国贫者，有法立而治乱者"。君主应该充分地利用民众的好恶心理，以爵禄和刑罚来控制民众的思想行为，使他们甘心为国效力。最后，文章以离朱、乌获为例，说明有些禀赋是先天的，一般人难于获得，但正确的法度却可以完全弥补其先天的不足，使今天的君主得成圣人之功。这就是法的重要作用。

臣闻：古之明君，错法而民无邪；举事而材自练[1]；行赏而兵强。此三者治之本也。夫错法而民无邪者，法明而民利之也。举事而材自练者，功分明[2]；功分明则民尽力，民尽力则材自练。行赏而兵强者，爵禄之谓也。爵禄者，兵之实也。是故人君之出爵禄也，道明[3]。道明，则国日强；道幽[4]，则国日削。故爵禄之所道，存亡之机也。夫削国亡主，非无爵禄也，其所道过也。三王五霸，其所道不过爵禄，而功相万者,其所道明也。是以明君之使其臣也,用必出于其劳,赏必加于其功。功赏明,则民竞于功。为国而能使其民尽力以竞于功,则兵必强矣。

【注释】

①举事:行事。练:干练。

②功分:职分。

③道:由,遵循。明:公开,指符合国家公开的奖赏条件。

④幽:隐秘,指在国家奖赏条件之外。

【译文】

我听说:古代的明君,建立法度,民众就没有邪恶的行为;施行政事,人才自然就干练;实行赏罚,军队就强大。这三点是治理国家的根本。君主建立法度民众没有邪恶的行为,是因为国家法度严明而民众认为对自己也有利。施行政事人才干练,是因为职分分明。职分分明民众就竭尽全力,民众竭尽全力人才自然干练。施行奖赏军队就强大是指爵禄而言的。爵禄是军队最实质的奖赏。因此,君主赐予爵位俸禄,必须遵照公开的奖赏条件。遵照公开的奖赏条件,国家就会一天比一天强大;不遵照公开的奖赏条件,国家就会一天比一天削弱。所以赐予爵禄遵循的途径是国家存亡的关键。那些国削君亡的国家,并不是没有赐予爵禄,是他们赐予爵禄所选用的途径是错误的。三王五霸,他们所运用的方法不过是赐予爵禄,可是他们所达到的功效比其他君主高一万倍,原因在于他们赐予爵禄遵照公开的奖赏条件。因此,英明的君主使用他的臣民时,重用他们一定是因为他们对国家的功劳,奖赏一定要加在他们的功绩上。论功行赏的原则明确,那么民众就会争着立功。治理国家能让民众争着立功,那么军队就强大了。

同列而相臣妾者，贫富之谓也；同实而相并兼者，强弱之谓也；有地而君或强或弱者，乱治之谓也。苟有道，里地足容身，士民可致也；苟容市井，财货可聚也①。有土者不可以言贫，有民者不可以言弱。地诚任②，不患无财；民诚用，不畏强暴。德明教行，则能以民之有为己用矣。故明主者，用非其有，使非其民。明主之所贵，惟爵其实而荣显之。不荣则民不急。列位不显③，则民不事爵。爵易得也，则民不贵上爵④。列爵禄赏不道其门⑤，则民不以死争位矣。人生而有好恶，故民可治也。人君不可以不审好恶。好恶者，赏罚之本也。夫人情好爵禄而恶刑罚，人君设二者以御民之志⑥，而立所欲焉。夫民力尽而爵随之；功立而赏随之。人君能使其民信于此如明日月，则兵无敌矣。

【注释】

①财货：财物。

②诚：确实。

③列位：谓有爵位。

④上爵：上等爵位。

⑤列爵：分颁爵位。

⑥御：控制。

【译文】

处在同等地位而一方被迫称臣，这是因为贫富不同；相同的国家却被人兼并，这是因为国家强弱不同；拥有土地做了君主而国家有的强大有的弱小，这是政治昏庸与政治清明不同。如果治理得法，有方圆一里的土地足以安身，也能吸引来有才能的人；假如屈身于集市中，便可以聚集财富。拥有土地就不能说贫穷，拥有民众就不可以说自己弱小。

土地被实实在在利用，就不愁没有财富；民众被实实在在役使，就不会惧怕强大的敌人。君主品德圣明而法令能执行，那么就能使民众所有的力量为自己所用。所以英明的君主能利用的不仅是自己有的东西，役使的不一定是属于自己的民众。英明的君主所重视的，只是赐予官爵给有功之人并使他们荣耀。赏赐不使民众感到荣耀，民众就不急于得到爵位。赏赐的爵位不显贵，民众就不会追求爵位。爵位容易获得，那么民众就不认为上等的爵位尊贵。赐予爵位、给予俸禄奖赏不遵循公开的条件，民众就不会拼死换取爵位了。人天生就有好恶，所以利用它能够治理好民众。因此君主不能不了解清楚民众的好恶。民众的好恶是进行奖赏和刑罚的根本。人之常情是喜欢爵禄而讨厌刑罚，所以君主设立这两样制度驾驭民众的思想，而设立民众想要的爵禄。民众尽了力，那爵位也随着得到，建立了功绩，那奖赏也跟着得到。君主假如能让他的民众相信这一点像相信明亮的太阳和月亮一样，那么军队就会天下无敌了。

人君有爵行而兵弱者，有禄行而国贫者，有法立而治乱者，此三者，国之患也。故人君者先便辟请谒①，而后功力，则爵行而兵弱矣。民不死犯难，而利禄可致也，则禄行而国贫矣。法无度数②，而事日烦，则法立而治乱矣。是以明君之使其民也，使必尽力以规其功③，功立而富贵随之，无私德也，故教化成。如此，则臣忠君明，治著而兵强矣。

【注释】

①便（pián）辟：指善于阿谀而受国君宠幸的人。

②度数：尺度。

③规：谋求。

【译文】

有君主拥有封赏爵位军队的实力反而弱的；有发放俸禄国家依然贫穷的；有国家法度确立了社会政治还是混乱的，这三种情况是国家的祸患。如果君主优先考虑宠臣的求情请托，而把有功劳实力的人放在后面，那么爵禄虽然封赏实行而军队实力却削弱了。民众不拼死作战而利禄就能得到，那俸禄发放了而国家却贫穷了。立法不讲求尺度，而国家的事务日见繁多，结果是法令确立而社会政治混乱了。所以英明的君主役使他的民众，一定使他们用尽全力来谋求立功，功绩建立了，而富贵便随之而来，国家没有私下的奖赏，所以国家的政令就能够成功。像这样，臣子忠诚，就会君主英明，政绩显著而军队强大。

故凡明君之治也，任其力不任其德。是以不忧不劳而功可立也。度数已立，而法可修。故人君者不可不慎己也。夫离朱见秋豪百步之外①，而不能以明目易人②；乌获举千钧之重③，而不能以多力易人。夫圣人之存体性，不可以易人。然而功可得者，法之谓也。

【注释】

①离朱：即离娄。传说为黄帝时人，目力极好。秋豪：秋毫，秋天的兽毛。

②易：交换。

③乌获：战国时期秦国的大力士。

【译文】

所以凡是英明的君主治理国家，根据民众为国出力的多少加以任用，而不是根据私人恩德使用。因此不操劳便将功绩建立了起来。立法的尺度确立了，法令才可以执行。因此君主不能不慎重自身的行事。

离朱能够在百步之外看清鸟兽身上细小的毫毛,却不能将他的好眼力转给别人;乌获能举起上千斤的重物,却不能将大力气转给别人。圣人自身所具有的特殊禀性,也不能转给别人。但是功业却可以建立,是因为法治啊。

战法第十

【题解】

【题解】

战法，就是作战方法。本篇论述了作战的一些基本原则，如凡是作战都要有本国的政治优势做后盾，本国的政治优势使民众勇于征战；对待溃逃的敌人不宜穷追不舍；战前要充分估计敌我力量；打仗要胜不骄，败不馁，善于总结战斗经验；战前要充分讨论作战方案；不能轻敌冒进。等等。虽然本篇内容零散，系统性和广泛性比不上一些专门的兵书，但其中亦不乏用兵打仗的真知灼见。

凡战法必本于政。政胜^①，则其民不争。不争，则无以私意，以上为意。故王者之政，使民怯于邑斗^②，而勇于寇战。民习以力攻，难，难故轻死。

【注释】

①胜：占优势。

②邑斗：与本邑人的私斗。

【译文】

一般说来，军事策略必须以政治为根本。政治上占优势，人民才不对抗。人民不对抗，才不能逞个人的意志，而以君主的意志为意志。所以成就王业的国君的政治,使民众怯于和乡里人打斗,而勇于和敌人作战。民众习惯于用实力进攻,这是难于做到的,做到了难于做到的,所以不怕死。

见敌如溃①,溃而不止,则免②。故兵法:"大战胜,逐北无过十里③。小战胜,逐北无过五里。"

【注释】

①溃:溃堤。

②免:不再追赶。

③北:败。

【译文】

看见敌兵像决堤一样溃逃,并且溃逃不停,那就放过他们。兵法说:"大胜,追赶败军不要超过十里。小胜,追赶败军不要超过五里。"

兵起而程敌①。政不若者,勿与战;食不若者,勿与久;敌众勿为客②;敌尽不如,击之勿疑。故曰:兵大律在谨③,论敌察众,则胜负可先知也。

【注释】

①程:衡量。

②客:进攻。《春秋公羊传》:"伐者为客,伐者为主",何休注:"伐人者为客。"

③大律:重要法则。

【译文】

军队有所行动,要衡量敌国的力量。政治上不如敌国时,不要和它作战;粮食不如敌国多时,不要和它相持;敌兵比我们多时,我们就不要进攻;敌国一切都不如我们,我们就毫不犹豫地攻打它。所以说:用兵的重要法则在于谨慎,研究敌情、对比双方兵力的多寡,那么胜负是可以预先知道的。

王者之兵,胜而不骄,败而不怨。胜而不骄者,术明也;败而不怨者,知所失也。

【译文:】

称霸天下的军队,打了胜仗不骄傲,打了败仗不怨愤。打了胜仗不骄傲,是因为战术高明;打了败仗不怨愤,是因为知道了打败仗的原因。

若敌强兵弱,将贤则胜,将不如则败。若其政出庙算者①,将贤亦胜,将不如亦胜。持胜术者,必强至王。若民服而听上,则国富而兵胜。行是久,必王。

【注释】

①庙算:朝廷对战事进行的谋划。本句意谓开战前经过精心谋划。

【译文】

如果敌强我弱,将领有能力就能获胜,将领无能就会打败仗。假如作战的决策出于朝廷的精心谋划,将领有能力也会取胜,将领无能也能取胜。掌握获胜的战术的国家,就一定能强大直至称王天下。如果民众服从并听信君主的治理,那么国家就会富强,而军队战无不胜。长期执行这一原则,就一定能称王天下。

其过失①，无敌深入②，偝险绝塞③。民倦且饥渴，而复遇疾，此败道也。故将使民者，若乘良马者，不可不齐也④。

【注释】

①其：指用兵。

②无：借为"侮"，轻侮、轻视之意。

③偝：同"背"。绝：越过。

④齐：古"剂"字，调剂。

【译文】

用兵的错误，是轻敌冒进，使军队背靠险地，越过关隘。兵士疲倦而饥渴交加，再加上遇到疾病流行，这是败军之道。所以将领役使兵士，就像骑乘良马，不能不注意调剂其体力。

立本第十一

【题解】

立本，就是强军之本。商鞅认为强军胜敌有三个步骤：一是用兵之前推行法治，二是用法治促成民众积极从事农战的风气，三是在这种风气影响下全国上下的力量都为战争所用。显然，在这三个步骤中，推行法治是其基础。文章同时指出，推行法治的关键在于国家对法治的重视和贯彻程度。本文再次强调赏赐必须出于农战这一个途径。

凡用兵，胜有三等①：若兵未起则错法；错法而俗成；俗成而用具②。此三者必行于境内，而后兵可出也。行三者，有二势③：一曰辅法而法行，二曰举必得而法立。故恃其众者，谓之葺④；恃其备饰者⑤，谓之巧⑥；恃誉目者⑦，谓之诈⑧。此三者恃一，因其兵可禽也⑨。故曰：强者必刚斗其意⑩，斗则力尽，力尽则备⑪，是故无敌于海内。治行则货积；货积则赏能重矣。赏壹则爵尊；爵尊则赏能利矣。故曰：兵生于治而异；俗生于法而万转；过势本于心而饰于备势⑫。三者有论⑬。故强可立也。是以强者必治，治者必强;富者必治,治者必富;强者必富,富者必强。故曰:治强之道三,论其本也⑭。

【注释】

①等:台阶,引申指步骤。

②用:器用。具:完备。

③势:情势。

④葺(qì):用茅草覆盖房屋。此言其多而无用,徒有其众。

⑤备:武器装备。饰:装饰。

⑥巧:美丽,此言徒有其表。

⑦誉目:好名声。

⑧诈:欺骗,此言徒有其名。

⑨禽:"擒"的古字。

⑩刚:强健。斗:争胜。

⑪备:无往不利。

⑫过:疑当作"运"。饰:显示。

⑬论:通"伦",条理,秩序。

⑭论:考察,弄清楚。

【译文】

凡是用兵作战,获胜的步骤有三:军队还没有出征就制定法度;制定法度,使民众形成风气;风气形成了,那么战争所需要的一切便都具备了。这三个方面一定要在国内都实现了,然后军队才能出征。实现这三点有两个条件:一是君主辅助推行法治而法治得以实行,二是君主措施得当而法治得以确立。所以,仗着自己人多势众的,叫做徒有其众;依仗武器装备美观的,叫做徒有其表;仗着虚名的,叫做徒有其名。这三个方面,有其中一条,他的军队就一定被对方擒获。所以强国的兵士一定强健勇于争胜,勇于争胜就能尽全力打仗,拼尽全力打仗军队就会无往不胜,这样的军队才能无敌于天下。国家的政策法令实行了,财富就会积累起来;财富积累起来,那国家的奖赏就能丰厚。奖赏专门发给有战功的人,君主赐予的爵位就尊贵;爵位尊贵,国家的奖赏就会产生有利的效果。所以说,军队由政治而生,又因政策的不同而不同;风俗由法治而生,又随法治的变化而变化;运用权势出于精心考虑,就会显示出无往不胜的形势。这三个方面理顺了,国家的强大就可以保证了。因此,强大的国家一定社会安定,社会安定的国家一定强大;富裕的国家一定社会安定,社会安定的国家一定富裕;强大的国家一定富裕,富裕的国家一定强大。所以说,社会安定强大的原因有三个方面,一定要弄清它的根本。

兵守第十二

【题解】

兵守，即军队的防守。本篇论述防御的方法。首先指出四面与他国相邻的国家同背靠大海与他国交界少的国家在战术上有根本的区别。四面与他国为邻，等于四面受敌，故应该注重防守。防守之道在于使民众能够拿出拼死的劲头，寻求一切杀敌的机会；增强兵力，男女老少齐上阵，分为三军，各司其职：壮男之军负责作战，壮女之军负责破坏道路房屋，老弱之军负责后勤供给；注意保持士气，稳定军心不允许三军相互往来，杜绝男女之情、悲老怜弱的情绪滋生蔓延。

四战之国贵守战①，负海之国贵攻战。四战之国好兴兵以距四邻者②，国危。四邻之国一兴事③，而己四兴军，故曰国危。四战之国，不能以万室之邑舍钜万之军者④，其国危。故曰：四战之国务在守战。

【注释】

①四战之国：四面与他国接壤的国家。

②距：困。

③事：战事。

④舍:止,宿。钜:大。

【译文】

四面与他国接壤的国家贵在防御,背靠大海的国家贵在攻战。四面与他国接壤的国家发兵进攻自己的四邻,国家就危险了。因为四面的邻国每兴兵一次,自己就要兴兵四次,所以说国家就危险了。四面与他国接壤的国家,如果不能有上万户规模的城邑驻守数以万计的军队,这个国家就危险了。所以说,四面与他国接壤的国家的主要任务是防御。

守有城之邑①,不知以死人之力与客生力战②,其城拔③。若死人之力也,客不尽夷城④,客无从人,此谓以死人之力与客生力战。城尽夷,客若有从人,则客必罢⑤,中人必佚矣⑥。以佚力与罢力战,此谓以生人力与客死力战。皆曰:"围城之患,患无不尽死。"而亡此二者⑦,非患不足⑧,将之过也。

【注释】

①城:城墙。邑:城镇。

②死人之力:即拼死的劲头。客:指入侵者。生力:求生的想法。

③拔:攻下。

④夷:攻破。

⑤罢(pí):同"疲"。

⑥中人:指城中之人。佚:通"逸",安逸,即以逸待劳。

⑦亡:通"无"。二者:指上文所言"以死人之力与客生力战"和"以佚力与罢力战"。

⑧患:弊端。

【译文】

防守带城墙的城镇，不懂得用民众决一死战的力量与敌人求生的力量作战，城池一定会被攻下。如果守军拼死抵抗，入侵者也不能将城墙全部攻破，入侵者就无法进入城内，这就叫用拼死抵抗的力量与敌人求生的力量作战。城墙被全部攻破，入侵者打开进城的通道，但是他们一定已极为疲劳，而城内的军队以逸待劳。用以逸待劳的军队同疲惫的敌军作战，这就叫用精力充实的力量同敌人疲惫的力量作战。因此都说："围攻城邑的担忧，是担忧守军没有不拼死守卫自己的城镇的。"不是这两种情况，就不是实力不够，而是将领的失误。

守城之道，盛力也。故曰客治簿檄①，三军之多，分以客之候车之数②。三军：壮男为一军，壮女为一军，男女之老弱者为一军，此之谓三军也。壮男之军，使盛食、厉兵③，陈而待敌。壮女之军，使盛食、负垒④，陈而待令。客至而作土以为险阻及阱格⑤。发梁撤屋⑥，给徙⑦，徙之；不洽而⑧，燻之⑨，使客无得以助攻备。老弱之军，使牧牛马羊彘，草木之可食者收而食之，以获其壮男女之食。而慎使三军无相过⑩。壮男过壮女之军，则男贵女，而奸民有纵谋⑪，而国亡；喜与，其恐有蚤闻⑫，勇民不战。壮男壮女过老弱之军，则老使壮悲，弱使强怜；悲怜在心则使勇民更虑，而怯民不战。故曰：慎使三军无相过。此盛力之道。

【注释】

①客：通"愙"（kè），谨也。簿檄（xí）：军中的簿册。

②客：指进犯之敌。候车：侦察敌情的战车。

③盛（chéng）食：装好粮食。厉兵：磨利兵器。

④垒:通"蕈",笼子之类的盛器。

⑤作土:堆土。险阻:障碍。阱格:陷阱。

⑥发:扒。撤:拆。

⑦给:来得及。

⑧洽:此处借作"给",来得及。

⑨爡(hàn):燃。

⑩过:访问,此指往来。

⑪纵:乱也。

⑫蚤闻:意难解,蒋礼鸿疑此处有缺文,高亨云为"蚤斗"之误,暂且从之。

【译文】

守卫城邑的基本原则,是壮大自己的力量。因此说,要仔细整理簿册,把三军的兵士按照入侵者侦察战车的数量编队。这三军是:壮年男子组成一支军队,壮年女子组成一支军队,男女老弱之人组成一支军队。壮年男子组成的军队,让他们装好粮食,磨利武器,排开阵势等待敌人的到来。壮年女子组成的军队,让她们装好粮食,背上装土用的笼子,排列阵势等待上级的命令。敌军到了,就让她们用土堆成难以通过的障碍并挖好陷阱。毁坏桥梁,拆除房屋,如果来得及,就把拆下的东西运走;如果来不及,就将这些东西烧掉,使敌人不能用这些东西来帮助攻城。老弱之人组成的军队,让他们去放牧牛、马、羊、猪,将草木中可以吃的收集起来给它们吃,以便供给壮年男女军队的食物。要注意让三支军队不要互相往来。壮年男子到壮年女子的军队中,那男子就会爱上女子,那些坏人就会想出放纵淫荡的主意,而国家就会灭亡;男女喜欢在一起,害怕有一天听到打仗的消息,就是勇敢的人也不愿意作战了。壮年男女到老弱的军中去,老人会让壮年人感到悲伤,体弱的人会让强壮的人怜悯;有悲伤、怜悯之情埋在心里,就会让勇敢的民众改变心意,而胆怯之人就不敢作战了。所以说,注意让三支军队不要互相往来。这是增强防守力量的方法。

靳令第十三

【题解】

靳令，即严格执行法令。商鞅一贯强调的法是以重农重战为出发点的赏罚政策，而本篇强调的是要严格执行这项法令。既然重农重战，就不要任用巧言善辩之人，因为那是法令摒弃的；重农重战，就要屏除对国家造成危害的各种思想和行为，即儒家的礼乐孝悌等观念，因为那也是法令明确禁止的。只有始终如一的贯彻已定的法令，才能使官吏自觉秉公执法，使民众乐于为国家效力。所以，重刑少赏，国家才会强大；赏罚分明，国君才能够得到民众的爱戴。

靳令，则治不留；法平，则吏无奸。法已定矣，不以善言害法。任功，则民少言；任善，则民多言。行治曲断①，以五里断者王，以十里断者强，宿治者削。以刑治，以赏战，求过不求善②。故法立而不革，则显。民变诛③，计变诛止④。贵齐殊使⑤，百都之尊爵厚禄以自伐⑥。国无奸民，则都无奸市。物多末众⑦，农弛奸胜⑧，则国必削。民有余粮，使民以粟出官爵⑨，官爵必以其力，则农不怠。四寸之管无当⑩，必不满也。授官、予爵、出禄不以功，是无当也。

【注释】

① 曲：乡曲，乡里。

② 过：过错。

③ 变：通"辨"，辨明。诛：惩罚。

④ 计：计算，盘算。

⑤ 贵齐：贵族和齐民。殊：不同。

⑥ 伐：功劳。

⑦ 末：末业，指工商业。

⑧ 弛：松懈。

⑨ 出：进。

⑩ 当：底。

【译文】

严格执行君主的法令，那么官府的政务便不会拖沓；执行法度公正，那么官吏中就没有邪恶之事发生。法度已经确定，就不应该用那些所谓仁义道德的空谈来妨碍法度。任用在农战中有功劳之人，那么民众就少说空话；任用所谓的讲仁义道德的善良人，那么民众就多喜欢空谈。推行法治在乡里决断政事，在五里之内就能做出决断的国家一定能称王天下，在十里之内就能做出决断的国家一定强大，隔夜才将事情处理好的国家会被削弱。用刑罚来治理国家，用奖赏激励民众去作战，追究过错而不追求良善。如果法度确立了而不更改，那么法度就彰显了。民众能明察惩罚的条例，他们盘算辨明法令的惩处，处罚也就停止了。贵族和平民虽然差使不同，但各都市尊贵的爵位和优厚的俸禄都要凭各自的功劳获得。国家没有犯法之民，那么都市中也没有违法之市。产品多，经商的人就多；农业生产松懈，邪恶的事就多，那么国家就会被削弱。民众有多余的粮食，让民众用粮食换取官爵，官爵一定要靠自己的实力获得，那么农民就不会懈怠。四寸长的竹管子如果没有底，一定总也装不满。授给官职、给予爵位、得到俸禄不靠功绩，那么赏赐就没有底了。

　　国贫而务战，毒生于敌，无六虱，必强；国富而不战，偷生于内，有六虱，必弱。国以功授官予爵，此谓以盛知谋①，以盛勇战。以盛知谋，以盛勇战，其国必无敌。国以功授官予爵，则治省言寡，此谓以治去治，以言去言。国以六虱授官予爵，则治烦言生，此谓以治致治，以言致言。则君务于说言②，官乱于治邪，邪臣有得志，有功者日退，此谓失。守十者乱③，守壹者治。法已定矣，而好用六虱者亡。民毕农，则国富。六虱不用，则兵民毕竞劝而乐为主用④，其竟内之民争以为荣，莫以为辱。其次，为赏劝罚沮⑤。其下，民恶之、忧之、羞之。修容而以言，耻食以上交⑥，以避农战，外交以备，国之危也。有饥寒死亡，不为利禄之故战，此亡国之俗也。

【注释】

①盛：多。

②务：通"瞀"，眩惑。

③十者：指《去强》篇所言"国有十者"，即儒家仁义思想。

④竞：争相。劝：鼓励。

⑤沮：阻止。

⑥上交：同君主交往，被君主任用。

【译文】

　　国家虽然贫穷却致力于作战，对国家有害的事就会在敌国发生，没有六种虱害，国家一定强大；国家虽然富足却不征战，苟且偷生的事就会在国内发生，有了六种虱害，国家就一定会被削弱。国家根据战功授官予爵,这就叫用众人的智慧谋划,用众人的勇力作战。用众人的智慧谋划,用众人的勇力作战,这样的国家一定无敌于天下。国家根据战功授给爵位,那么就会政务简明空谈减少,这就叫用政务除去政务,用空谈去掉空谈。国家根据六种虱害授官赐爵,那么就会政务繁多,空谈就会产生,这就叫用政务招致政务,用空谈招致空谈。那么君主就会被空谈所迷惑,官吏被邪恶风气搞乱,奸臣便得志了,功臣则一天一天被排挤出去,这就是治理国家中所犯的错误。君主墨守儒家的仁义思想的,就会治理混乱;坚持让民众专一从事农耕和作战的,国家就会治理好。法度已经确定,而喜欢任用六种虱害的国家就会灭亡。民众都致力于农业,国家就会富裕。六种虱害不被任用,那么士兵、民众都会争相鼓励而愿被君主使用,国境内的民众都争着以从事农耕作战为荣,没有人认为这样做耻辱。稍差一点的情况是,民众的行为是被奖赏所鼓励,被刑罚所阻止。再差一点的情况是,民众以从事农战为讨厌的事,他们为此担心,以此为耻辱。他们修饰自己的外表而四处游说,以拿君主的俸禄为耻辱,以此躲避农耕作战,同外国势力交往,这样,国家就危险了。有人宁肯挨饿死冻死,也不愿意为了利禄去作战,这是亡国的风气呀。

　　六虱:曰礼、乐,曰《诗》、《书》,曰修善①,曰孝弟,曰诚信,曰贞廉②,曰仁、义,曰非兵③,曰羞战④。国有十二者,上无使农战,必贫至削。十二者成群,此谓君之治不胜其臣,官之治不胜其民,此谓六虱胜其政也。十二者成朴⑤,必削。是故,兴国不用十二者,故其国多力,而天下莫能犯也。兵出,必取;取,必能有之。按兵而不攻,必富。朝廷之吏,少者不毁也⑥,多者不损也。效功而取官爵,虽有辩言,不能以相先也,此谓以数治⑦。以力攻者,出一取十;以言攻者,出十亡百。国好力,此谓以难攻;国好言,此谓以易攻。

【注释】

①修：贤。

②贞廉：正直廉洁。

③非兵：反对武力。

④羞战：耻于战争。

⑤朴：根。

⑥轪(bǐ)：此处借作"埤"，增加。

⑦数：定数。

【译文】

　　六种虱害：是礼、乐，是《诗》《书》，是修善，是孝悌，是诚信，是贞廉，是仁、义，是非兵，是羞战。国家有这十二种东西，君主就没有办法让民众从事农耕作战，国家一定会贫穷直到被削弱。如果有这十二种思想的人结成群，这就叫君主的统治不能压服臣下，官府的治理不能压服民众，这就叫做六种虱害压过了国家的政策法令。这十二种思想如果生了根，国家一定会被削弱。因此，兴盛的国家不用这十二种思想统治国家，所以国家的实力雄厚，天下各诸侯国没有谁能入侵它。军队出战，就一定能夺取土地；夺取了土地，就一定能占有它。如果按兵不动，就一定能富足。朝廷的官吏，应该少的不会增多，应该多的不会减少。有成绩和功勋就能获得官职和爵位，虽然有诡辩的口才，也不能因此而比别人优先，这就叫做治国有定法。凭自己的实力去攻打别国的，出一分力会获得十倍的收获；凭空谈去攻击别国的，出十分力会付出百倍的代价。国家崇尚实力，这就叫用别人难以得到的东西进攻别的国家；国家崇尚空谈，这就叫用容易得到的东西去攻击别的国家。

　　重刑少赏，上爱民，民死赏。重赏轻刑，上不爱民，民不死赏。利出一空者其国无敌①，利出二空者其国半利，利出十空者其国不守。重刑，明大制；不明者，六虱也。六虱成群,则民不用。是故,兴国罚行则民亲;赏行则民利。行罚,重其轻者,轻者不至,重者不来。此谓以刑去刑,刑去事成。罪重刑轻,刑至事生。此谓以刑致刑,其国必削。

【注释】

①空:孔,途径。

【译文】

刑罚重奖赏少,这是君主爱护民众,民众就会为得到奖赏而拼死效力。奖赏重刑罚轻,这是君主不爱护民众,民众就不会为奖赏而拼死效力。爵位利禄出自一个途径的国家就会无敌于天下;爵位利禄出自两个途径的国家只能得到一半的好处;爵位利禄出自多个途径的国家就难自保了。刑罚重,能申明重要的法度;法度不严明,是因为有六种虱害。有六种虱害的思想的人成群,那么民众就会不被君主役使。因此,兴盛的国家实行刑罚,民众反而与君主亲近;实行奖赏,民众就能被君主所利用。实行刑罚,那些犯轻罪的人使用重刑,那么,轻罪不会产生,重罪不会出现。这就叫以刑罚遏制犯罪,刑罚不用而大业可成。对重罪用轻刑,刑罚虽然经常使用而犯罪随之产生。这就叫用刑罚招致犯罪,这样的国家一定会衰落。

圣君知物之要,故其治民有至要,故执赏罚以辅壹教①。仁者,心之续也②。圣君之治人也,必得其心,故能用其力。力生强,强生威,威生德,德生于力。圣君独有之,故能述仁义于天下③。

【注释】

①壹教:一贯的方针,指倡导农战的政策。

②续：连接。

③述：行。

【译文】

　　圣明的君主懂得事物的关键所在，所以他治理民众具有最关键的东西，所以掌握奖罚辅助引导民众专一从事农耕和作战。仁，是上下民心的连接。圣明的君主统治民众时，一定要让民众心悦诚服，所以能调动他们的力量。实力能产生强大，强大能产生威力，威力能产生恩德，所以说恩德产生于实力。只有圣明的君主明白这个道理，所以能在天下施行仁义。

修权第十四

【题解】

修权，即整治权力，也就是如何加强国君的权力。本篇指出国家治理好的三个因素是：法度、信用、权力。权力由君主独掌，君主专制才会有威严；法度是处理国家政事的准则，法令建立才能赏罚分明；信用是君臣之间的纽带，赏罚讲信用民众才会遵守。显然，作者以为修权的核心还在于法度的明确。同时篇中提出了"公私分明"、"任法去私"的主张，指出"释法而任私议"，必将使君主失信于民众、造成小人当道、奸臣卖官鬻爵、以权谋私的严重后果。

国之所以治者三：一曰法，二曰信，三曰权。法者，君臣之所共操也；信者，君臣之所共立也；权者，君之所独制也。人主失守则危。君臣释法任私，必乱。故立法明分①，而不以私害法，则治。权制独断于君则威。民信其赏，则事功成；信其刑，则奸无端②。惟明主爱权重信，而不以私害法。故上多惠言而不克其赏③，则下不用；数加严令而不致其刑④，则民傲死⑤。凡赏者，文也；刑者，武也。文武者，法之约也⑥。故明主任法。明主不蔽之谓明，不欺之谓察。故赏厚而信,刑重而威必。不失疏远,不违亲近⑦。故臣不蔽主,而下不欺上。

【注释】

①分:职分。

②端:端由。

③克:能。

④致其刑:即使用刑罚。

⑤傲死:轻死。

⑥约:枢纽。

⑦违:避。

【译文】

国家能够安定的因素有三个:一是法度,二是信用,三是权力。法度,是君臣共同执掌的;信用,是君臣共同树立的;权力,是君主独自控制的。君主不能掌握权力,国家会面临危机。君臣抛弃法度只顾私利,国家必然混乱。所以确立法度明确职分,而不因为私利损害法度,那么国家就会安定。君主控制人民独掌权力就树立了威信。人民相信君主的赏赐,那么功业就能建成;相信君主的惩罚,那么犯罪就无由发生。只有贤明的君主才珍惜权力看重信用,而不因为私利损害法度。所以君主许下很多承诺而不能兑现赏赐,那么臣下就不会愿意为他所用;屡次颁布严厉的法令而不执行刑罚,那么民众就会轻视死刑。所有的奖赏,都是文治;惩罚,是武治。赏与罚,是法度的枢纽。所以贤明的君主是采用法制的。贤明的君主不被蒙蔽叫做"明",不被欺骗叫做"察"。所以重赏树立了信用,而重罚成就了威严。奖赏不遗漏关系疏远的人,刑罚不回避关系亲近的人。这样臣子就不会蒙蔽君主,百姓就不会欺骗君主。

世之为治者，多释法而任私议，此国之所以乱也。先王县权衡①，立尺寸，而至今法之，其分明也。夫释权衡而断轻重，废尺寸而意长短②，虽察，商贾不用，为其不必也。故法者，国之权衡也。夫倍法度而任私议③，皆不知类者也④。不以法论知、罢、贤、不肖者⑤，惟尧，而世不尽为尧。是故先王知自议誉私之不可任也，故立法明分，中程者赏之⑥，毁公者诛之。赏诛之法不失其议⑦，故民不争。授官予爵不以其劳，则忠臣不进；行赏赋禄不称其功⑧，则战士不用。

【注释】

①县（xuán）：古"悬"字。权衡：称量物体轻重的器具。权，秤砣。衡，秤杆。

②意：估计。

③倍：古同"背"。

④类：事理。

⑤罢：能力弱。

⑥程：法式。

⑦议：此处借作"仪"，准则。

⑧赋：给予。

【译文】

世上治理国家的人，大多数都抛弃了法度而听信私议，这是国家混乱的原因。先王设置衡器，确立了尺和寸，这些至今还沿用，是因为度量的标准明确。如果抛开衡器而判断轻重，废除尺寸而估计长短，即使估计的很准，商人也不会用这种办法，因为那样不精确。所以法度，就是国家的权衡。违背法度而采用个人意见，都是不懂事理。不用法度就可断定人是聪明还是愚笨，是贤明还是无能的，只有尧，但世上不是人人都是尧。所以先王知道评议自己、称扬他人的人不能任用,必须规定法律明确标准,符合规定的就奖励他,危害国家的就惩罚他。赏罚的法度不失其标准,民众就不会有争议。授予官爵不按功劳,那么忠臣就不会尽力办事;行赏给予爵禄不按军功,那么战士就不会卖力。

凡人臣之事君也,多以主所好事君。君好法,则臣以法事君;君好言,则臣以言事君。君好法,则端直之士在前;君好言,则毁誉之臣在侧。公私之分明,则小人不疾贤,而不肖者不妒功。故尧、舜之位天下也①,非私天下之利也,为天下位天下也。论贤举能而传焉,非疏父子亲越人也②,明于治乱之道也。故三王以义亲天下,五霸以法正诸侯,皆非私天下之利也,为天下治天下。是故擅其名而有其功③,天下乐其政,而莫之能伤也。今乱世之君臣,区区然皆擅一国之利而管一官之重④,以便其私,此国之所以危也。故公私之交,存亡之本也。

【注释】

①位:通"莅"(lì),临。

②越人:外人。

③擅:独占。

④区区然:形容人自得的样子。

【译文】

大凡臣子侍奉君主,多数投君主之所好。君主好法度,大臣就以法律事君;君主爱听好话,大臣就以美言事君。君主好法度,身边就会聚集正直之士;君主好美言,身边就都是奸臣。公私界限分明,小人就不会忌妒贤才,无能之辈也不会忌妒功臣。所以尧舜统治天下,不是以天下为私有,是为民众治理天下。选贤任能并传位给他,不是疏远自己的儿子亲近外人,而是明白治理国家的道理。所以三王靠仁义得天下,五霸靠法度控制诸侯,都不是以天下为一己私利,而是为民众治理天下。所以独得明君的美誉又能建功立业,天下的人都满意他的统治,而没有谁能动摇他。如今乱世的君臣,都得意于能够独占一国之利而掌管官吏的大权,来满足其私欲,这是国家陷于危机的原因。所以是否公私分明,是国家存亡的根本。

夫废法度而好私议,则奸臣鬻权以约禄①,秩官之吏隐下而渔民②。谚曰:"蠹众而木析③;隙大而墙坏。"故大臣争于私而不顾其民,则下离上。下离上者,国之隙也。秩官之吏隐下以渔百姓,此民之蠹也。故有隙、蠹而不亡者,天下鲜矣。是故明王任法去私,而国无隙、蠹矣。

【注释】

①鬻(yù):卖。约:邀约,索取。

②秩官:常官,小官。

③蠹(dù):蛀虫。

【译文】

废除法度喜欢私议,那么奸臣就会卖官来求得财利,一般官吏就会隐瞒下情鱼肉百姓。谚语说:"蛀虫多了大树就会折断;缝隙大了墙壁就会坍塌。"所以大臣争相谋取私利而不顾及百姓,那么民众就会远离君主。民众远离君主,这是国家的"裂隙"。国家的一般官吏隐瞒下情鱼肉百姓,这就是民众的"蛀虫"。而有了"蛀虫"、"裂隙"而不灭亡的国家,天下少有。所以贤明的君主执行法令摒去私利,国家就不会有"蛀虫"、"缝隙"了。

徕民第十五

【题解】

徕民，即招徕民众。本篇开篇论述了土地资源配置要合理，山林湖泽的比例要适当，民众的人口要适中。进而分析秦国地广人稀，土地没有有效利用。而三晋人多地少，民众生活资源缺乏。因此商鞅建议秦孝公采取减免赋税徭役的优惠政策吸引三晋民众，招他们来秦国以开垦荒地。这样既削减了三晋的兵力，又增加了秦国的粮食产量，而本国的民众则可以全力投入作战，这样就达到了富国强兵的目的。他驳斥了秦国的大臣吝惜徭役赋税收入而不肯免除役税的做法，因为三晋之民不来，那些徭役赋税的收入无从谈起，不如招徕民众，虽然免除了徭役赋税，但也确实增加了粮食产量。

地方百里者，山陵处什一，薮泽处什一，溪谷流水处什一，都邑蹊道处什一，恶田处什二，良田处什四。以此食作夫五万①。其山陵、薮泽、溪谷可以给其材，都邑蹊道足以处其民，先王制土分民之律也。

【注释】

①作夫：农夫。

【译文】

　　方圆百里的地方，高山、丘陵占国土的十分之一，湖泊、沼泽占国土的十分之一，山谷、河流占国土的十分之一，城镇、道路占国土的十分之一，薄田占国土的十分之二，良田占国土的十分之四。用这些可以养活五万个农夫。其中的高山、丘陵、湖泊、沼泽、山谷、河流可以供给各种生活资料，城镇、道路足够它的民众居住，这就是先古帝王制定的规划土地、分配人口的原则。

　　今秦之地方千里者五①，而谷土不能处二，田数不满百万②，其薮泽、溪谷、名山、大川之材物货宝又不尽为用，此人不称土也③。秦之所与邻者三晋也④；所欲用兵者，韩、魏也。彼土狭而民众，其宅参居而并处。其寡萌贾息民⑤，上无通名⑥，下无田宅，而恃奸务末作以处。人之复阴阳泽水者过半⑦。此其土之不足以生其民也，似有过秦民之不足以实其土也。意民之情，其所欲者田宅也。而晋之无有也信⑧，秦之有余也必。如此而民不西者，秦士戚而民苦也⑨。臣窃以王吏之明为过见。此其所以不夺三晋民者⑩，爱爵而重复也⑪。其说曰："三晋之所以弱者，其民务乐而复爵轻也。秦之所以强者，其民务苦而复爵重也。今多爵而久复，是释秦之所以强，而为三晋之所以弱也。"此王吏重爵、爱复之说也，而臣窃以为不然。夫所以为苦民而强兵者，将以攻敌而成所欲也。兵法曰："敌弱而兵强。"此言不失吾所以攻，而敌失其所守也。今三晋不胜秦，四世矣。自魏襄以来⑫，野战不胜，守城必拔，小大之战，三晋之所亡于秦者，不可胜数也。若此而不服，秦能取其地，而不能夺其民也。

【注释】

①方：古代田地面积单位。

②田：古代田地面积单位。

③称：相配。

④三晋：指韩、赵、魏三国，战国初三家分晋，原属晋国的韩氏、赵氏、魏氏各自为国。

⑤寡萌：即弱民，百姓。萌，通"氓"，黎民。贾息：指从事商贾获利。

⑥通名：即爵位。

⑦复：地窖，地窖子。

⑧无有：匮乏。

⑨戚：忧愁。

⑩夺：争取到。

⑪重：看重，舍不得。复：免除赋税。

⑫魏襄：魏襄王。公元前318年—前296年在位。

【译文】

现在秦国拥有五个方圆千里的土地，可是种庄稼的田地还占不到十分之二，田数不到一百万，国中的湖泊沼泽、山谷溪流、大山大河中的物产、财宝又不能全部被利用，这就是人口没有满足土地啊。与秦相邻的国家是三家分晋后的韩、赵、魏三国；秦国想要用兵攻打的，是韩、魏两国。这两个国家土地面积狭小而人口众多，他们房屋错杂聚居在一起。百姓从事商贾来获利的，上无爵位，下无土地和住宅，只能靠耍奸欺诈从事工商业来维持生活。人们在山坡和湖泽的低洼处挖洞居住的超过半数。这些国家的土地不够供养它的民众生存的情况，似乎超过了秦国民众不够用来充实他的国土的程度。揣摩民众的心情，他们所想要的东西是田地和房屋。可是这些三晋的匮乏是真的，而秦的富裕有余也是实情。即使这样韩、赵、魏三国的民众也不向西到秦国来，是因为秦的士阶层忧愁而民众辛苦。我个人认为，以为大王的官吏高明是错误的认识。他们不去争取三晋的民众的原因，是吝惜爵位和舍不得免租免役。他们说："三晋所以弱的原因，是由于三晋人民追求安乐，而朝廷又轻易准许免除租役给人爵位。秦国所以强的原因，是由于秦国人民甘愿劳苦，而朝廷又不轻易准许免除租役给人爵位。如果我们也多给人民爵位，延长免除租役的时间，就是放弃秦国所以强大的原则，而使用三晋所以弱的原则。"这就是大王的官吏重视爵位、舍不得免除租役的说辞，而我个人认为这种话不对。我们所以叫人民吃苦来加强兵力，是为了攻打敌国，实现自己的愿望。兵法说："敌国兵力弱了，我们兵力就强了。"这是说我们没有失掉进攻的能力，而敌人失掉了防御的能力。现在三晋打不过秦国，已经四代了。自魏襄王以来，他们在野外作战打不过秦国，守城必定被秦国攻下，大小战役，三晋败给秦国的次数，是数不过来的。像这样他们还不屈服，秦国仅能取得他们的土地，而不能夺得他们的人民。

　　今王发明惠①，诸侯之士来归义者，今使复之三世，无知军事。秦四竟之内陵阪丘隰②，不起十年征③，者于律也④。足以造作夫百万⑤。曩者臣言曰⑥："意民之情，其所欲者田宅也，晋之无有也信，秦之有余也必。若此而民不西者，秦士戚而民苦也⑦。"今利其田宅，而复之三世，此必与其所欲而不使行其所恶也。然则山东之民无不西者矣，且愚之谓也⑧。不然，夫实圹虚⑨，出天宝⑩，而百万事本⑪，其所益多也，其徒不失其所以攻乎？

【注释】

①明惠：优惠。

②阪（bǎn）：坡地。隰（xí）：洼地。

③征：指征收赋税。

④者：通"著"，著录。

⑤造：招徕。

⑥曩（nǎng）者：方才。

⑦戚：忧愁。

⑧且（cú）：通"徂"，往。惪："德"的古字。徂惪，即归德，因德而使民众归附。

⑨圹：旷野。虚：荒地。

⑩天宝：指地产。

⑪本：本业，指农战。

【译文】

现在大王发布的优惠政策，凡是各诸侯国来归附的人，现在免除他们三代的徭役赋税，不用参加作战。秦国四境之内的丘陵、坡地、洼地，十年不收赋税，并把这些都写在法律中。这样做足以招来上百万农夫。方才我说："揣摩民众的心情，他们所想要的东西是田地和房屋，可是三晋的匮乏是实情，秦的富余也是实情。情况如此而韩、赵、魏三国的民众也不向西到秦国来的原因，是秦的士阶层忧愁而民众辛苦。"现在赐给他们田地住宅，又免除他们三代的徭役赋税，这就是给他们想要的，又不让他们干不情愿干的事。这样崤山以东的民众没有不西向秦而来的，这就是归德啊。如果不是这样，从各国来的民众充实了荒芜的土地，使那里土地有所产出，百万人从事农业生产，他们所创造的好处之多，仅仅是不丧失进攻的力量吗？

夫秦之所患者，兴兵而伐，则国家贫；安居而农，则敌得休息。此王所不能两成也。故三世战胜，而天下不服。今以故秦事敌，而使新民作本，兵虽百宿于外，竟内不失须臾之时①，此富强两成之效也。臣之所谓兵者，非谓悉兴尽起也,论竟内所能给军卒车骑。令故秦民事兵,新民给刍食②。天下有不服之国,则王以此春违其农③,夏食其食,秋取其刈④,冬冻其葆⑤,以《大武》摇其本⑥,以《广文》安其嗣⑦。王行此,十年之内,诸侯将无异民,而王何为爱爵而重复乎⑧?

【注释】

①须臾:片刻。

②给:供给。刍(chú)食:粮草。

③违其农:违其农时,不让其按时耕种。

④刈(yì):收割的粮食。

⑤葆:聚藏,指储存的物资。

⑥《大武》:《逸周书》之篇章。"春违其农"诸句皆出于此篇。

⑦《广文》:即《逸周书》之《允文》篇。

⑧爱:吝惜。

【译文】

秦国所担心的,是发兵去征伐他国,那么本国就会贫穷;安居务农,那么敌人就得到休息。这就是大王所不能两全其美的事。过去三代国君都打了胜仗,可天下诸侯国却不服气。现在用秦国原有的民众应对敌国的军队,而让新招来的民众从事农业生产,军队即使驻扎国外上百天,国内也不会对农时有片刻耽误,这就是富国强兵两全其美的效果。我所说的用兵,不是要全部发动尽数使用,而是要研究清楚国内所能供给军队的马匹和车辆。让秦国原有的民众去打仗,让新招来的民众供给粮草。天下诸侯国如果有不服从的,那大王用这些军队在春天骚扰他们种地,夏天去吃他们贮藏的粮食,秋天夺取他们收割的庄稼,冬天使他们藏的粮食上冻,用《大武》篇所言动摇他们的国本,用《允文》篇所言安抚他们的后代。大王如果这么做,十年以内,各诸侯国中会没有与秦国不一条心的百姓,大王为什么还要吝啬爵位而舍不得免除赋役呢?

周军之胜①，华军之胜②，秦斩首而东之。东之无益，亦明矣，而吏犹以为大功，为其损敌也。今以草茅之地，徕三晋之民而使之事本，此其损敌也，与战胜同实。而秦得之以为粟，此反行两登之计也③。且周军之胜、华军之胜、长平之胜④，秦所亡民者几何？民客之兵不得事本者几何？臣窃以为不可数矣。假使王之群臣，有能用之，费此之半，弱晋强秦，若三战之胜者，王必加大赏焉。今臣之所言，民无一日之繇⑤，官无数钱之费，其弱晋强秦，有过三战之胜，而王犹以为不可，则臣愚不能知已。

【注释】

①周军之胜：即伊阙之战。公元前293年，秦大将白起率军在伊阙（今河南洛阳龙门）大破魏国、韩国联军，夺取魏城数座及韩国安邑以东大部分地区。

②华军之胜：即华阳之战。公元前273年，白起大破魏、赵联军于华阳（今河南上蔡），斩首15万。此役是秦国"示天下要（腰）断山东之脊"（《战国策·魏策》）的一次成功尝试。

③反行：兼得。反，皆也。两登：两成。

④长平之胜：公元前260年，白起率军攻赵，大破赵军于长平（今山西高平西北），全歼赵军45万，使赵国元气大伤，再无力与秦国抗衡。

⑤繇：同"徭"，徭役。

【译文】

伊阙之战和华阳之战的胜利，秦国军队斩获颇多又向东挺进。向东进攻没有什么好处，也是很明显的，而官吏们认为能立大功，因为这样能杀伤敌国。现在我们用长满荒草的土地招徕韩、赵、魏三国的民众，让他们从事农业生产，这样对敌人的破坏，同战胜敌人有同样的效果。而秦国得到他们的民众让他们生产粮食，这是军事和生产两个方面都能成就的妙计。况且秦国在伊阙之战、华阳之战、长平之战中，损失了多少人呀？秦国的民众因为在外征战不能从事农业生产的又有多少呢？我个人认为没有办法计算了。假如大王的臣子中，有能够运用这些兵力，只用这些兵力的一半，来削弱韩、赵、魏三晋的实力而使秦国强大，取得如同三次战役一样的胜利的人，大王一定会重加赏赐。现在我所说的方法，民众不需服一天的徭役，官府不浪费多少钱，可是却能削弱三晋的实力，使秦国强大，远胜过那次战役，而大王却还是认为不可行，那么我愚笨对此不能理解了。

　　齐人有东郭敞者，犹多愿，愿有万金。其徒请赒焉[1]，不与，曰："吾将以求封也[2]。"其徒怒而去之宋[3]。曰："此爱于无也[4]，故不如以先与之有也[5]。"今晋有民，而秦爱其复，此爱非其有以失其有也，岂异东郭敞之爱非其有以亡其徒乎？且古有尧、舜，当时而见称；中世有汤、武，在位而民服。此四王者万世之所称也，以为圣王也，然其道犹不能取用于后。今复之三世，而三晋之民可尽也。是非王贤立今时，而使后世为王用乎？然则非圣别说，而听圣人难也。

【译文】

　　齐国有个叫东郭敞的人，贪欲较强，希望自己能拥有万金。他的徒弟请求救济，他不给，说："我打算用这些钱换取爵位。"他的徒弟很生气就离开他到宋国去了。有人说："这个人吝惜还没有得到的东西，还不如将已有的东西先给他的徒弟。"现在三晋有民众，而秦国还吝惜免除的徭役和赋税，这也是吝惜没有的东西却因此失去了原有的东西，这和东郭敞的吝惜没有到手的爵位，反而失去自己的徒弟有区别吗？上古的时候有尧、舜，在当时被人称颂；中古时候有商汤、周武王，在位时民众都信服。这四位帝王世世代代受到人们的称赞，被视为圣王，但他们治理国家的方法却不能被以后的统治者使用。现在免除三代的徭役和赋税，那么三晋民众就能全被招来了。这不是以大王您今天的贤明，而让三晋的后世的人替大王效力吗？那么看来不是圣人的说法特别，而是听从圣人的教导很难啊。

刑约第十六

【题解】

本篇亡佚。

赏刑第十七

【题解】

赏刑，即奖赏与刑罚。本篇提出治理国家就要统一奖赏、统一刑罚、统一教化。文中分别详细论述了三个统一的主要内容。统一奖赏，就是封赏出于战功，这样民众在作战中全力以赴，军队战无不胜；统一刑罚，就是法律面前人人平等，无论关系远近、职位高低，绝不姑息，使社会秩序井然；统一教化，就是摒弃儒家学说，造成富贵之门皆出于兵的强大舆论声势。做到以上三点，就能够使人民致力于作战，最终达到治理国家无赏、无刑、无教的最高境界。其中多处选取历史事实论证自己的主张，使立论更加完整，论证更加严密。

圣人之为国也，壹赏，壹刑，壹教。壹赏，则兵无敌；壹刑，则令行；壹教，则下听上。夫明赏不费，明刑不戮，明教不变，而民知于民务，国无异俗。明赏之尤至于无赏也①，明刑之尤至于无刑也，明教之尤至于无教也。

【注释】

① 尤：至，最。

【译文】

圣人治理国家，统一奖赏，统一刑罚，统一教化。实施统一的奖赏，军队就会无敌于天下；实行统一的刑罚，那么君主的命令就能执行；实行统一教化，那么民众就会听从君主的役使。高明的奖赏不浪费财物，严明的刑罚不任意杀戮，修明教育不随意改变风俗，而民众知道自己该做什么，国家也没有异样的风俗。高明的奖赏的极致是达到不用奖赏的境界，严明的刑法的极致是达到不用刑罚的境界，修明教育的极致是达到可以不用教化的境界。

　　所谓壹赏者，利禄官爵抟出于兵①，无有异施也。夫固知愚、贵贱、勇怯、贤不肖②，皆尽其胸臆之知，竭其股肱之力，出死而为上用也。天下豪杰贤良从之如流水。是故兵无敌而令行于天下。万乘之国不敢苏其兵中原③，千乘之国不敢捍城④。万乘之国，若有苏其兵中原者，战将覆其军；千乘之国，若有捍城者，攻将凌其城⑤。战必覆人之军，攻必凌人之城，尽城而有之，尽宾而致之⑥。虽厚庆赏，何费匮之有矣⑦？昔汤封于赞茅⑧，文王封于岐周⑨，方百里。汤与桀战于鸣条之野⑩，武王与纣战于牧野之中⑪，大破九军，卒裂土封诸侯。士卒坐陈者⑫，里有书社⑬。车休息不乘，从马华山之阳⑭，从牛于农泽⑮，从之老而不收⑯。此汤、武之赏也。故曰：赞茅、岐周之粟，以赏天下之人，不人得一升；以其钱赏天下之人，不人得一钱。故曰：百里之君而封侯其臣，大其旧；自士卒坐陈者，里有书社。赏之所加，宽于牛马者，何也？善因天下之货，以赏天下之人。故曰：明赏不费。汤、武既破桀、纣，海内无害，天下大定。筑五库⑰，藏五兵⑱，偃武事⑲,行文教。倒载干戈⑳,揔笯㉑,作为乐以申其德。当此时也,赏禄不行,而民整齐。故曰:明赏之犹至于无赏也。

【注释】

①抟(zhuān):同"专",专一。

②固:同"故"。

③苏:此处借作"傃",向,迎。

④捍:守卫。

⑤凌:登上。

⑥宾:宾服,此指征服。

⑦匮:匮乏。

⑧赞茅:汤早期的封地。一说在今河南修武境,一说在今山东菏泽境。

⑨封:建国。岐周:地名。在今陕西岐山境,周建国于此,故称。

⑩鸣条:地名。一说在今山西夏县,一说在今河南洛阳,一说在河南封丘。鸣条之战是商灭夏的战争中取得决定性胜利的一次战役。

⑪牧野:地名。在今河南新乡境。牧野之战是武王伐纣的战争中取得决定性胜利的一次战役。

⑫坐陈:即坐阵,参战。

⑬书社:古代二十五家为一社,每社有户口登记。故曰书社。

⑭从:通"纵",放。

⑮农泽:地名。其址不详。

⑯收:收回。

⑰五库:《初学记》卷二十四引蔡邕《月令章句》:"一曰车库,二曰兵库,三曰祭器库,四曰乐库,五曰宴器库。"

⑱五兵:指弓、矢、殳、矛、戈五种兵器。

⑲偃：停止。

⑳倒载干戈：即倒置干戈，停战的意思。

㉑搢笏：古代大臣朝见天子，插笏于腰。

【译文】

所说的统一奖赏，就是指利禄官爵都出于战争中的功绩，没有其他途径的恩惠。因此那些无论聪慧还是愚昧、富贵还是低贱、勇敢还是胆怯、贤德或者不贤德的人，都用自己全部的智慧，竭尽自己全部的力量，拼死替君主效力。天下的英雄豪杰追随君主如同流水就下一样。所以军队无敌而政令得以在天下贯彻实行。有万辆兵车的国家不敢在野外迎战他的军队，有千辆兵车的国家不敢守卫城池。拥有万辆兵车的国家如果有在野外向它的军队迎战的，只要战争打起来就将全军覆没；拥有千辆兵车的小国如果防守城池，只要他进攻就会被攻下城池。迎战就一定消灭别人的军队，进攻就一定占领别人的城池，那么所有的城池便都能占领，天下所有的诸侯都能宾服来朝。这样即使给出的奖赏丰厚，财物怎么会有不足呢？从前商汤封在赞茅，周文王封在岐周，方圆也只有百里。商汤与夏桀在鸣条的原野上开战，周武王与商纣王在牧野地区交战，他们都大败敌人的强大军队，最后商汤和周武王都划分土地，分封诸侯。凡是坚守阵地的士兵，在家乡都拥有登记在册的社。战车停放一旁不再乘坐，将马放到华山的南坡，将牛放到农泽一带的地里，一直到老死也不收回来。这就是商汤和周武王的奖赏啊。因此说：赞茅、岐周的粮食，如果用来奖赏天下的人，每个人还得不到一升；如果用赞茅、岐周的钱奖赏天下的人，每个人还不能得到一文。所以说：本来只拥有方圆百里土地的君主，却能封自己的大臣为诸侯，这些大臣的封地比他们原来的国土还大；参加作战的士兵，在家乡都拥有登记在册的社。他们的奖赏所及，甚至包括牛和马，这是什么原因呢？是因为他们善于借助天下的财物，来奖赏天下的民众。所以说：高明的奖赏并不浪费财物。商汤、周武王已经攻破了夏桀、商纣王，国内没有什么危害，天下十分安定。他们修建了各种专门的仓库,收藏起来各种兵器,停止战争,实行文教。将兵器倒着放好,君臣朝见于廷,又创制了音乐来彰明自己的功德。在这个时候,奖赏和利禄都不实行,可是民众却很有规矩。所以说:高明的奖赏的最高境界,就是不用奖赏。

所谓壹刑者,刑无等级,自卿相、将军以至大夫、庶人,有不从王令、犯国禁、乱上制者,罪死不赦。有功于前,有败于后,不为损刑①。有善于前,有过于后,不为亏法②。忠臣孝子有过,必以其数断③。守法守职之吏有不行王法者,罪死不赦,刑及三族④。同官之人⑤,知而讦之上者⑥,自免于罪,无贵贱,尸袭其官长之官爵田禄⑦。故曰:重刑,连其罪,则民不敢试。民不敢试,故无刑也。夫先王之禁,刺杀,断人之足,黥人之面⑧,非求伤民也,以禁奸止过也。故禁奸止过,莫若重刑。刑重而必得,则民不敢试,故国无刑民。国无刑民,故曰:明刑不戮。晋文公将欲明刑以亲百姓,于是合诸卿大夫于侍千宫⑨,颠颉后至⑩,吏请其罪,君曰:"用事焉。"吏遂断颠颉之脊以殉⑪。晋国之士,稽焉皆惧⑫,曰:"颠颉之有宠也,断以殉,况于我乎!"举兵伐曹、五鹿⑬,又反郑之埤⑭,东卫之亩⑮,胜荆人于城濮⑯。三军之士,止之如斩足,行之如流水。三军之士,无敢犯禁者。故一假道重轻于颠颉之脊,而晋国治。昔者,周公旦杀管叔、流霍叔⑰,曰:"犯禁者也。"天下众皆曰:"亲昆弟有过不违⑱,而况疏远乎!"故天下知用刀锯于周庭,而海内治。故曰:明刑之犹至于无刑也。

【注释】

①损：减少。

②亏法：减轻刑罚。

③数：指罪行的轻重。

④三族：三种亲属关系。一说指父、子、孙。一说指父族、母族、妻族。一说指父母、兄弟、夫妻。

⑤同官之人：指其同僚。

⑥讦(jié)：揭发。

⑦尸：古代祭祀时替死者受祭的人，此指代替。

⑧黥(qíng)：在人脸上刺字的酷刑。

⑨侍千宫：应为宫室名，于史无考。

⑩颠颉(jié)：人名。晋文公大臣。

⑪断颠颉之脊：断……脊，即腰斩。徇：示众。

⑫稽(qǐ)：叩头至地。

⑬曹：战国时诸侯国，在今山东定陶西。五鹿：战国时卫国地，在今河南濮阳东北。晋文公五年伐曹，借道于卫，未获允许，晋攻曹而占卫之五鹿。

⑭反：推倒。郑：战国时诸侯国。埤(pì)：城墙上呈凹凸之形的矮墙，用于防守。

⑮东：向东。亩：田垄。晋国在卫国西，晋文公把田垄改为东西向，便于自己的军队行军。

⑯荆：战国时楚国的别称。城濮：古卫邑。在今山东省鄄城西南。

⑰周公旦：西周政治家。周武王之弟，名旦，因采邑在周，称为周公。管叔：周武王之弟，名鲜，因封于管，又称管叔。霍叔：周武王之弟，名处。武王死后，其子成王年幼，由周公旦摄政。管叔、蔡叔和霍叔等人勾结商纣之子武庚和徐、奄等东方夷族反叛。周公旦奉命平叛，杀死管叔，流放蔡叔，贬黜霍叔。

⑱昆：兄。违：避。

【译文】

所说的统一刑罚，是指刑罚没有等级差别，从卿相、将军直到大夫和平民百姓，有不听从君主命令的，触犯国家禁令的，破坏君主制定的法律的，处以死罪，决不赦免。从前立过战功，但后来行动失利，也不因从前的功劳而减轻惩罚。从前做过好事，后来又犯了错误，也不因前面的好事而减轻刑罚。忠臣孝子犯了罪，也一定根据他们罪过的大小来定罪。执行法令的和相关的官吏有不实行君主法令的，判其死罪决不赦免，而且刑罚株连到他们的父、母、妻子。官吏的同僚，知道他们的罪过能向君主揭发检举的，不仅自己能免受刑罚的处分，而且无论他地位高低，都能继承被揭发的官吏的官爵、土地和俸禄。所以说：加重刑罚，株连他们的亲人，那么民众就不敢以身试法。民众不敢以身试法，也就等于没有刑罚了。古代帝王制定的法令，或将人处死，或砍断犯人的脚，或在犯人脸上刺字，这不是要伤害民众，而是要禁止奸邪阻止犯罪。因此禁止奸邪阻止犯罪，没有什么办法能比得上使用重刑。刑罚重并且坚决执行，那么民众就不敢以身试法了，所以国家就没有受刑罚的民众。国家没有受刑罚的民众，因此说：严明的刑罚不是为了杀人。晋文公想要严明刑罚使百姓亲近他，于是把所有的诸侯大夫招集在侍千宫，颠颉来晚了，官吏请晋文公处罚他，晋文公说："按照法规办吧。"执法官于是腰斩了颠颉并且示众。晋国的民众，叩首至地都害怕了，说："颠颉是国君宠爱的大臣，触犯了刑律都腰斩来示众，何况我们！"后来晋文公发兵进攻曹国及卫国的五鹿，回师时又攻破了郑国的城墙，命令卫国的田垄一律改为东西方向，在城濮大胜楚人。晋国的三军将士，命令他们停止前进，他们立即像被砍断脚一样停止不前；命令他们进攻，他们就像流水一样迅速。三军的将士，没有谁敢于违反命令。因此晋文公只借颠颉犯轻罪而处以重刑腰斩的办法，晋国就得到了治理。从前，周公旦杀了管叔，流放了霍叔，说："他们是犯了法令的人。"天下的人都说：

"亲兄弟犯了罪都不能免除制裁，更何况我们这些关系远的人！"从此天下人都知道周公将刑罚用在了朝廷内，而国境内得到了治理。因此说：公正严明的刑罚的最高境界，就是没有刑罚。

　　所谓壹教者，博闻、辩慧、信廉、礼乐、修行、群党①、任誉②、请谒③，不可以富贵，不可以辟刑④，不可独立私议以陈其上。坚者被⑤，锐者挫。虽曰圣知⑥、巧佞⑦、厚朴⑧，则不能以非功罔上利⑨。然富贵之门，要存战而已矣。彼能战者，践富贵之门。强梗焉⑩，有常刑而不赦。是父兄、昆弟、知识、婚姻、合同者，皆曰："务之所加，存战而已矣。"夫故当壮者务于战，老弱者务于守，死者不悔，生者务劝，此臣之所谓壹教也。民之欲富贵也，共阖棺而后止。而富贵之门必出于兵，是故民闻战而相贺也，起居饮食所歌谣者，战也。此臣之所谓明教之犹至于无教也。

【注释】

①群党：结党。

②任誉：任侠、美誉。

③请谒：请求，干求。

④辟：通"避"。

⑤被：破。

⑥圣知：聪明睿智。

⑦巧佞：善于言辞。

⑧厚朴：根基深。

⑨罔：获取。

⑩强梗：强硬，凶悍。

【译文】

　　所说的统一教化，是指见闻广博、聪慧而富有辩才、诚实廉洁、精通礼制音乐、有道德修养、结成朋党、任侠有声誉、请谒，不能因为这些而富贵，不能因为这些而逃避刑罚，不能独自创立学说凌驾于国家法令之上。对那些顽固派要摧垮他，对那些锋芒毕露的人要挫败他。即使所谓的圣明睿智、阿谀奉承、根基深厚的人，也不能在军功之外从君主处得到好处。这样那些富贵家族的人，也只能将希望放在战场上了。只有那些积极打仗的人，才能踏进富贵的大门。那些骄横跋扈的人，触犯了法律而不能得到赦免。这样那些父亲伯叔、兄弟、相识的朋友、儿女亲家、志同道合的人，都说："我们要加倍努力的地方，只能在战场上而已。"因此那些年富力强的人都努力作战，年老体弱的人努力从事防守，那些死在战场的人不后悔，活着的人互相鼓励，这就是我说的统一教化。民众中想要得到的是富贵，这个念头死后盖上棺材才会停止。可富贵一定是由战争而来，所以民众听说要打仗便互相庆贺，起居饮食时所唱的歌谣，全是打仗的事。这就是我所说的严明教育的最高境界就是没有教化。

　　此臣所谓参教也①。圣人非能通，知万物之要也。故其治国举要以致万物，故寡教而多功。圣人治国也，易知而难行也。是故圣人不必加②，凡主不必废；杀人不为暴，赏人不为仁者，国法明也。圣人以功授官予爵，故贤者不忧。圣人不宥过③，不赦刑，故奸无起。圣人治国也，审壹而已矣。

【注释】

①参：通"叁"。

②加：赞扬。

③宥:宽赦。

【译文】

　　这些就是我所说的三种教化。圣明的人不是能通晓一切,而是明白万事万物的要领。因此他统治国家抓住要领而推及万物,所以就能教化简单而功绩卓越。圣人治理国家,明白道理容易实行起来却很难。所以圣人不用称赞,平凡的君主不一定要废掉;杀人不算残暴,奖赏人不算仁爱,国家法律自会辨明。圣人凭功绩授官职赐给爵位,因此贤德的人不用担忧。圣人不宽恕别人的错误,不赦免罪犯的刑罚,因此那些邪恶的事无法发生。圣明的人治理国家,只是考虑统一奖赏、统一刑罚、统一教化而已。

画策第十八

【题解】

　　画策，即谋划策略，是治国之法。作者将前代历史分为昊英之世、黄帝之世、神农之世，各个时期社会状态不同，统治制度也不同，但都取得了非凡的历史成就。所以，制度要顺应时代的变化而变化。商鞅指出要"制天下"一定要"先制其民"，治民之本在于法治。法治的执行在于确立"使法必行之法"。战国时期纷争的局面决定了成就王道的途径是征战，因而要设立赏罚之法使民众拼死作战。而使赏罚之法成为"必行之法"的途径就是实行连坐制度，重刑之下，民众不敢违背军令而骁勇无敌。总之，"法必明，令必行"是治国的良方。

　　昔者昊英之世①，以伐木杀兽，人民少而木兽多。黄帝之世，不麛不卵②，官无供备之民，死不得用椁③。事不同皆王者，时异也。神农之世，男耕而食，妇织而衣，刑政不用而治，甲兵不起而王。神农既没，以强胜弱，以众暴寡④。故黄帝作为君臣上下之义，父子兄弟之礼，夫妇妃匹之合⑤。内行刀锯，外用甲兵，故时变也。由此观之，神农非高于黄帝也，然其名尊者，以适于时也。故以战去战，虽战可也；以杀去杀，虽杀可也；以刑去刑，虽重刑可也。

【注释】

①昊英：传说中的古帝名。

②麛（mí）：幼鹿，此处泛指幼兽。

③椁（guǒ）：套在棺材外面的大棺材。

④暴：损害。

⑤妃：配。

【译文】

过去昊英氏时代，允许民众伐木、捕杀野兽，那是因为当时民众少而树木、野兽多。黄帝之时，不允许捕杀幼小的野兽、不允许吃鸟蛋，官吏没有供自己使唤的奴仆，死了不能用棺材埋葬。昊英、黄帝做事不一样，却都称王于天下，这是因为时代不同。神农之时，男人耕种而使人们有饭吃，女人织布让人们有衣裳穿，不使用刑法和政令而天下安定，不动用军队就能称王天下。神农死后，人们以强凌弱，以多欺少。因此黄帝制定了君臣和上下级之间的行为规范，父子、兄弟间的礼仪，夫妻之间的婚配原则。对内使用刑罚，对外使用军队，同样是因为时代变了。由此看来，神农并不比黄帝高明，可是他的名声却更尊贵，这是因为他顺应了时代的变化。因此用战争消灭战争，即使发动战争也是可行的；用杀戮消除杀戮，即使杀了人也可行的；用刑罚消灭刑罚，即使加重刑罚也是可行的。

昔之能制天下者，必先制其民者也；能胜强敌者，必先胜其民者也。故胜民之本在制民，若冶于金①，陶于土也②。本不坚，则民如飞鸟禽兽，其孰能制之？民本，法也。故善治者，塞民以法③，而名地作矣④。名尊地广以至王者，何故？

战胜者也。名卑地削以至于亡者，何故？战罢者也⑤。不胜而王，不败而亡者，自古及今，未尝有也。民勇者，战胜；民不勇者，战败。能壹民于战者，民勇；不能壹民于战者，民不勇。圣王见王之致于兵也，故举国而责之于兵⑥。入其国，观其治，民用者强。奚以知民之见用者也？民之见战也，如饿狼之见肉，则民用矣。凡战者，民之所恶也。能使民乐战者，王。强国之民，父遗其子⑦，兄遗其弟，妻遗其夫，皆曰："不得，无返。"又曰："失法离令⑧，若死我死⑨，乡治之。行间无所逃⑩，迁徙无所入。"行间之治，连以五，辨之以章⑪，束之以令，拙无所处⑫，罢无所生。是以三军之众，从令如流，死而不旋踵⑬。

【注释】

①冶：冶金。

②陶：制作陶器。

③塞：遏制。

④作：兴。

⑤罢（pí）：散，败。

⑥责：求。

⑦遗（wèi）：送。

⑧离：违背。

⑨若：你。

⑩行（háng）间：行伍之间，军中。

⑪章：标记，徽章。

⑫拙（jué）：此处"拙"借作"趉"，逃走。

⑬旋踵：把脚向后转，意谓逃跑。踵，脚跟。

【译文】

过去能制服天下的人，一定是首先制服他的民众的人；能够战胜强敌的人，一定是首先战胜他的民众的人。因此战胜民众的根本在于制服民众，就像冶炼工人对金属，制陶工人对泥土一样。根本不坚固，那么民众就像飞鸟和野兽，有谁能控制他们呢？治理民众的根本，是法治。因此善于治理国家的人，就是用法律来遏制民众，而名声和土地就都具备了。君主的名声尊贵、土地广阔，最后称王天下，是什么缘故呢？是总打胜仗的原因。君主的名望低微、土地面积少，甚至最后灭亡，又是什么原因呢？是总打败仗的原因。打仗不胜而称王天下，打仗失败而不灭亡的国家，自古至今，也未曾有过。民众作战勇敢，打仗就会获胜；民众作战不勇敢，就会失败。能让民众专心作战的君主，民众打仗就勇敢；不能使民众专心作战的君主，民众打仗就不勇敢。圣明的君主看见只能通过战功称王天下，所以要求全国的民众都当兵。走进一个国家，观察这个国家的治理情况，民众被调动役使国家就强大。凭什么知道民众被君主调动役使了呢？那就是民众看待打仗，就像饿狼见了肉一样，那么民众就被调动役使了。一般战争，是民众讨厌的东西。能让民众乐于去打仗的君主，就称王天下。强国的民众，父亲送他的儿子去当兵，哥哥送他的弟弟去当兵，妻子送她的丈夫去当兵，他们都说："不获胜，就不要回来。"又说："不遵守法律，违抗了命令，你死，我也得死，乡里会治我们的罪。军队中没有地方逃，我们要搬迁也没有地方可去。"军队的管理办法，是将五个人编成一伍，用标记来区分他们，用军令来束缚他们，逃走了也没有地方居住，失败了没有活路。所以三军将士服从军令，军令就像流水一样，就是战死也不向后退。

国之乱也，非其法乱也，非法不用也。国皆有法，而无使法必行之法。国皆有禁奸邪刑盗贼之法，而无使奸邪盗贼必得之法。为奸邪盗贼者死刑，而奸邪盗贼不止者，不必得也。必得，而尚有奸邪盗贼者，刑轻也。刑轻者，不得诛也①。必得者，刑者众也。故善治者，刑不善，而不赏善，故不刑而民善。不刑而民善，刑重也。刑重者，民不敢犯，故无刑也。而民莫敢为非，是一国皆善也。故不赏善而民善。赏善之不可也，犹赏不盗。故善治者，使跖可信②，而况伯夷乎③？不能治者，使伯夷可疑，而况跖乎？势不能为奸，虽跖可信也；势得为奸，虽伯夷可疑也。

【注释】

①诛：惩罚。

②跖(zhí)：即盗跖。相传为古时民众起义的领袖。名跖，"盗"是当时统治者对他的贬称。

③伯夷：商朝末年孤竹国君的儿子。周武王灭商以后，他和弟弟叔齐不吃周朝的粮食，一同饿死在首阳山(今山西永济南)，是古代忠信的典范。

【译文】

国家治理混乱，不是因为它的法度混乱，也不是因为法度废弃不用。国家都有法律，但却没有让法律一定实行的办法。国家都有禁止邪恶、处罚盗贼的法令，但却没有使邪恶、盗贼一定能受到处罚的办法。做邪恶之事、偷盗的人要处死刑，可是犯奸、偷盗的现象却不断发生，这是由于做了坏事不一定能被处罚。就是处罚了，却仍有邪恶、偷盗的事发生，这是因为刑罚轻的原因。刑罚轻，不能惩治他们。一定要惩治他们，受刑罚处治的人就多了。所以善于治理国家的人，只处罚不守法的人，而不奖赏守法的人，因此不用刑罚民众也为善。不用刑罚民众也为善，是因为刑罚重。刑罚重，民众不敢触犯刑法，因此也就没有刑罚。而民众没有谁敢做坏事，这时全国的民众都为善。因此不奖赏守法的人而民众都为善。不可以奖赏善良的人,就像不能奖赏盗贼一样。因此善于治理国家的人,能使像盗跖那样的人变得诚实可信,更何况像伯夷这样的人? 不会治理国家的人,即使是像伯夷一样高洁之士也有犯法的可能,更何况盗跖了? 假如环境使人不能做坏事,即使是盗跖一样的人也可以信赖;假如环境能让人做坏事,即使是伯夷一样高洁的人也有嫌疑。

国或重治,或重乱。明主在上,所举必贤,则法可在贤。法可在贤,则法在下,不肖不敢为非,是谓重治。不明主在上,所举必不肖。国无明法,不肖者敢为非,是谓重乱。兵或重强,或重弱。民固欲战,又不得不战,是谓重强。民固不欲战,又得无战,是谓重弱。

【译文】

国家或者是治理得更好,或者是治理得更乱。英明的君主在上位,他所选用的人一定贤能,那么法令便掌握在贤德的人手中。法令掌握在贤德的人手中,那么法度就能在下面实行,不贤之人就不敢做坏事,这就叫治上加治。不英明的君主处在上位,他所选用的一定都是不贤之人。国家没有严明的法令,不贤之人就敢做坏事,这就叫乱上加乱。军队或者是强上加强,或者是弱上加弱。民众本来想要打仗,又不能不去打仗,这就叫强上加强。民众本来不想打仗,又能不去打仗,这就叫弱上加弱。

明主不滥富贵其臣①。所谓富者,非粟米珠玉也? 所谓贵者,非爵位官职也? 废法作私,爵禄之,富贵之,滥也。凡人主德行非出人也,知非出人也,勇力非过人也。然民虽有圣知,弗敢我谋②;勇力,弗敢我杀;虽众,不敢胜其主③;虽民至亿万之数,县重赏而民不敢争,行罚而民不敢怨者,法也。国乱者,民多私义;兵弱者,民多私勇。则削国之所以取爵禄者多涂④。亡国之俗,贱爵轻禄。不作而食,不战而荣,无爵而尊,无禄而富,无官而长,此之谓奸民。所谓"治主无忠臣,慈父无孝子",欲无善言,皆以法相司也⑤,命相正也。不能独为非,而莫与人为非。所谓富者,入多而出寡。衣服有制,饮食有节,则出寡矣。女事尽于内,男事尽于外,则入多矣。

【注释】

①滥:不加节制。

②谋:图谋。

③胜:凌。

④涂:古同"途"。

⑤司:伺,监视。

【译文】

　　英明的国君不会对臣子们滥施富贵。人们所说的富,不是粮食珠玉吗? 人们所说的贵,不是爵位官职吗? 废弃法律,以个人意志为主,给臣子爵位和俸禄,使臣子们富贵,就是滥施富贵。一般说来君主的品德行为不高于别人,智慧也不超出别人,勇敢、力量也不超出别人。可是民众即使有足够的智慧,也不敢谋求君主的地位;即使有勇敢和力量,也不敢弑杀君主;即使人数多,也不敢凌驾在君主之上;即使民众的人数达到亿万,悬重赏民众不敢争抢,实行刑罚民众也不敢怨恨,这是因为有法度。国家混乱的原因,是民众多考虑个人道义;军队力量弱的原因,是民众多追求私下的斗勇。那么在实力削弱的国家获取爵位、俸禄的途径就有许多。使国家灭亡的风气,是民众看不起爵位,轻视俸禄。不劳动而有饭吃,不打仗而有荣誉,没有爵位依然尊贵,没有俸禄照样富有,没有官职照样威风,这就叫做奸民。所说的"善于治国的君主身边不会有忠臣,慈爱的父亲身边不会有孝子",君主和父亲都不用好言相劝,而用法律使他们互相监督,用命令让他们互相纠正。这样的话,臣民们就不能单独做坏事,也不能伙同别人一起做坏事。常人所说的富有,是进的多出的少。穿衣有限制,饮食有节制,那么支出的就少。妇女在家中尽力做事,男人在外面尽力做事,那么收入就多。

　　所谓明者,无所不见,则群臣不敢为奸,百姓不敢为非。是以人主处匡床之上①,听丝竹之声②,而天下治。所谓明者,使众不得不为。所谓强者,天下胜。天下胜,是故合力。是以勇强不敢为暴,圣知不敢为诈,而虚用。兼天下之众,莫敢不为其所好,而避其所恶。所谓强者,使勇力不得不为己用。其志足,天下益之;不足,天下说之③。恃天下者,天下去之;自恃者,得天下。得天下者,先自得者也;能胜强敌者,先自胜者也。

【注释】

①匡:方。

②丝竹之声:音乐。丝,弦乐。竹,管乐。

③说:同"悦"。

【译文】

　　所说的国君的圣明,是指君主没有什么地方看不到,那么大臣就不敢做奸邪之事,民众就不敢为非作歹。所以君主坐在安适的床上,听着丝竹之声,天下就治理好了。所说的国君的圣明,它能使民众不能不去做事。所说的国君的强有力，是天下人都被他制服了。天下人都被他制服，才能聚合天下人的力量。所以强悍的人不敢暴乱，聪慧的人不敢做欺诈的事，并考虑如何被君主选用。全天下的人，没有谁敢不做君主所喜欢的事，回避君主所讨厌的事。所说君主的强大，是指他能使有勇力的人不得不为自己所用。国君的理想能实现，天下的人都受益；他的理想不能实现，天下的人也都欢喜。依靠天下的人，天下的人就会抛弃他；依靠自己，才能得到天下。得到天下的君主，首先是要得到自己；能战胜强大的敌人，首先能战胜自己。

圣人知必然之理，必为之时势。故为必治之政，战必勇之民，行必听之令。是以兵出而无敌，令行而天下服从。黄鹄之飞①，一举千里，有必飞之备也。蛩蛩巨丘②，日行千里，有必走之势也。虎豹熊罴③，鸷而无敌④，有必胜之理也。圣人见本然之政，知必然之理，故其制民也，如以高下制水，如以燥湿制火。故曰：仁者能仁于人，而不能使人仁；义者能爱于人，而不能使人爱。是以知仁义之不足以治天下也。圣人有必信之性，又有使天下不得不信之法。所谓义者，为人臣忠，为人子孝，少长有礼，男女有别。非其义也，饿不苟食，死不苟生。此乃有法之常也。圣王者，不贵义而贵法。法必明，令必行，则已矣。

【注释】

①黄鹄(hú)：天鹅。

②蛩蛩(qióng)巨丘：传说中的良马。

③罴(pí)：棕熊。

④鸷(zhì)：凶猛。

【译文】

　　圣明的人懂得社会发展的道理，一定要顺应时代发展的形势。因此制定一定能把国家治理好的政策，打仗用必定勇敢的民众，下达民众一定能听从的命令。所以军队出发打仗便会无敌于天下，君主的命令下达天下便会服从。黄鹄起飞，一飞便是上千里，这是因为它具备能飞行千里的翅膀。蚤蚤巨丘这样的良马，能日行千里，是因为它们具备能奔跑千里的本领。虎、豹、熊、罴，凶猛而无敌于天下，是因为它们有一定能战胜其他野兽的能力。圣人能发现治理社会的有效制度，明白社会发展的必然规律，所以他统治民众，就像利用地势的高低控制水流一样，又像利用干湿来控制火势一样。因此说：仁慈之人能够对人仁慈，而不能使人仁慈；有道义的人能够爱别人，而不能使别人有爱心。所以明白仁义不能治理好天下。圣人有一定让天下人信任的品德，又具有让天下人不能不信任的办法。通常所说的"义"，是说作为臣子要有忠心，做儿子要有孝心，长幼之间有礼节，男女有别。如果不合乎道义，就是饥饿也不能苟且吃饭，就是死也不能苟且偷生。这些不过是有法律的正常现象。圣明的帝王，不重视道义而重视法律。法律必定要明确，君主的命令一定要贯彻执行，那就可以了。

境内第十九

【题解】

境内，乃取篇首二字为题，无实际意义。本篇零星记录了秦国的一些制度，主要是军事制度。其中包括户籍制度、仆役分配和服役制度、军队建制、军规、奖功罚过的办法、核定功过的程序、攻城围邑的办法，等等。有学者以为本篇是商鞅拟定的一个律令草案，因年代久远，散佚严重。本篇虽然内容零散，但却又不失翔实，通过本篇我们可以对秦国刑法的具体内容窥见一斑，能够充分体会其法令的细致严苛。

四境之内，丈夫女子皆有名于上，生者著，死者削。

【译文】

国境之内，男女都在官府登记名字，新生的人就填写上去，死去的人就注销。

其有爵者乞无爵者以为庶子①，级乞一人。其无役事也②，其庶子役其大夫月六日。其役事也，随而养之军③。

【注释】

①乞:乞求,讨要。庶子:类似仆人。

②役事:军事。

③养:烹饪,做饭。

【译文】

有爵位的人乞要无爵位的人做他的"庶子",每一级可以要一个。没有战事的时候,庶子每月为他的大夫服役六天。有战事的时候,随着主人到军中为他做饭。

爵自一级已下至小夫,命曰校、徒、操,公士①。爵自二级已上至不更②,命曰卒。其战也,五人束薄为伍③,一人兆而到其四人④,能人得一首则复⑤。五人一屯长,百人一将。其战,百将、屯长不得首,斩;得三十三首以上,盈论⑥,百将、屯长赐爵一级。五百主⑦,短兵五十人⑧。二五百主,将之主,短兵百。千石之令短兵百人⑨,八百之令短兵八十人,七百之令短兵七十人,六百之令短兵六十人。国尉⑩,短兵千人。将,短兵四千人。战及死事⑪,而到短兵。能一首则复。

【注释】

①公士:爵的第一等。

②不更:爵名。第四级。

③薄:即簿,簿册。

④兆:通"逃"。到:受刑。

⑤首:敌人的首级。复:恢复,免除先前的处罚。

⑥盈论:满足规定的数量。

⑦主:指将官。

⑧短兵：持刀剑之兵，与持弓箭之兵相对而言。

⑨千石之令：俸禄为一千石粮食的长官。令，行政长官。

⑩国尉：官名。掌管军权。

⑪死事：死于战斗。

【译文】

爵位从一级以下到小夫，叫做校、徒、操，爵位是公士。从二级开始到不更，叫做"卒"。打起仗来，五人编为一个名册为一伍，一人逃跑就惩罚另外四个人，如果谁能斩得敌人一颗首级就可免除刑罚。每五人设一屯长，一百人设一将。作战时，将、屯长如果得不到敌人首级，就斩杀；如果得到敌人首级三十三颗以上，就算达到了规定的数目，将、屯长可以升爵一级。五百人的将领，有短兵五十人。统率两个五百的将，是将中的统领，有短兵一百人；享一千石俸禄的县令，有短兵一百人；享八百石俸禄的县令，有短兵八十人；享七百石俸禄的县令，有短兵七十人；享六百石俸禄的县令，有短兵六十人。国尉，有短兵一千人。大将，有短兵四千人。如果将官战死，短兵要受刑罚。如果其中有人能够得到敌人的一颗首级，就可免除刑罚。

能攻城围邑斩首八千已上，则盈论；野战斩首二千，则盈论。吏自操及校以上大将尽赏。行间之吏也，故爵公士也，就为上造也①；故爵上造，就为簪袅②；故爵簪袅，就为不更③；故爵不更，就为大夫。爵吏而为县尉④，则赐虏六⑤，加五千六百⑥。爵大夫而为国尉⑦，就为官大夫；故爵官大夫，就为公大夫；故爵公大夫，就为公乘；故爵公乘，就为五大夫，则税邑三百家⑧。故爵五大夫，就为大庶长；故大庶长，就为左更；故三更也⑨，就为大良造⑩。皆有赐邑三百家，有赐税三百家。爵五大夫，有税邑六百家者，受客⑪。大将、御、参皆赐爵三级⑫。故客卿相⑬,盈论,就正卿⑭。

【注释】

①上造:二等爵。

②簪袅(zān niǎo):三等爵。

③不更:四等爵。

④县尉:官名。掌一县之军权。

⑤虏:奴隶。

⑥加五千六百:此句意思不详,似言增加俸禄。

⑦大夫:五等爵。以下每晋级一次爵位直至五大夫,爵位高一等。
　国尉:武官名。

⑧税邑:食邑。卿大夫的封地,收取其租税。

⑨三更:爵列十二、十三、十四等分别叫做左更、中更、右更,合称
　三更。

⑩大良造:爵名。大上造,十六等爵。

⑪受客:接受门客。

⑫御:车夫。参:骖乘。战车上居右之人。

⑬客卿:官名。请其他诸侯国的人来秦国做官,其位为卿,而以客
　礼待之,故称。

⑭正卿:春秋时诸侯国的最高执政大臣,权力仅次于国君。

【译文】

　　能在围攻敌国的城邑时,斩获敌人首级八千颗以上的,就满足了规定的数目;在野战中斩获敌人首级两千颗以上的,就满足了规定的数目。将吏从操、校到大将都可得到赏赐。军队中的官吏,旧爵是公士的,升为上造;旧爵是上造的,升为簪袅;旧爵是簪袅的,升为不更;旧爵是不更的,升为大夫。旧爵为小吏升为县尉的,赏赐六个奴隶,另加五千六百俸禄。旧爵为大夫,担任国尉的,升为官大夫;旧爵为官大夫的,

升为公大夫;旧爵为公大夫的,升为公乘;旧爵为公乘的,升为五大夫,并赏给他三百户的食邑。旧爵是五大夫,升为大庶长;旧爵为大庶长,升为左更;旧爵为三更的,升为大良造。大庶长、三更及大良造都赏赐三百户的封邑,另赏赐三百户的地税。爵位为五大夫,有了六百户的租税和食邑,就可以接受门客。将军、车夫、骖乘都赏赐爵位三级。原来是客卿身份为相的,满足了朝廷的规定,就升为正卿。

以战故,暴首三日①,乃校三日②,将军以不疑致士大夫劳爵③。夫劳爵,其县过三日有不致士大夫劳爵,罢其县四尉④,訾由丞尉⑤。

【注释】

①暴(pù)首:陈列斩获的敌人首级。

②校(jiào):校验。

③不疑:谓对战功没有疑问。劳爵:其意不详,暂解为按劳授予官爵。

④罢:罢免。

⑤訾:估量,评判。

【译文】

停战之后,把所获敌人首级示众三天,也核实三天,将军认为没有疑问,就按功赏给战士和大夫爵位。赏赐的爵位,县里过了三天还没有落实赏给将士和大夫的爵位,就撤去该县尉的职位,评判的权利在该县的丞尉。

能得甲首一者①,赏爵一级,益田一顷②,益宅九亩,除庶子一人③,乃得入兵官之吏。

【注释】

①甲首：甲士之首。也指军队中的伍长，为小军官。

②益：增加。

③除：给予。

【译文】

能够斩获敌人甲士首级一颗的，赐给爵位一级，增加田地一顷，增加宅地九亩，赐给庶子一人，还可以担任军队或朝廷的官员。

其狱法，高爵訾下爵级。高爵罢，无给有爵人隶仆。爵自二级以上，有刑罪则贬①。爵自一级以下，有刑罪则已②；小夫死。

【注释】

①贬：降级。

②已：停止，此指取消。

【译文】

其刑法规定，由爵位高的人审判比他爵位低一级的人。爵位高的人被罢免后，不再给他有爵位的人所享用的奴仆。二级爵位以上的人，犯了罪就降低他的爵位。一级爵位以下的人犯罪，就取消他的爵位；小夫犯罪则处死。

公士以上至大夫，其官级一等，其墓树级一树①。

【注释】

①墓树：春秋战国的墓葬文化，在墓旁植树，级别越高种的树越多。

【译文】

公士以上直到大夫,死后爵位每高一级,他坟旁种的树就多一棵。

　其攻城围邑也,国司空訾其城之广厚之数①。国尉分地,以校、徒分积尺而攻之②,为期,曰:"先已者当为最启,后已者訾为最殿。再訾则废。"穴通则积薪③,积薪则燔柱④。陷队之士⑤,面十八人。陷队之士,知疾斗⑥,不得,斩首。队五人⑦,则陷队之士,人赐爵一级。死,则一人后⑧。不能死之⑨,千人环规⑩,黥劓于城下⑪。国尉分地,以中卒随之⑫。将军为木台,与国正监、与王御史参望之⑬。其先入者举为最启,其后入者举为最殿。其陷队也,尽其几者⑭。几者不足,乃以欲级益之。

【注释】

①司空:官名。掌管工程。訾(zī):测量。城:城墙。

②积尺:立方尺。

③积薪:堆积柴草。

④燔(fán):焚烧。

⑤陷队之士:相当于今所言敢死队。

⑥疾斗:速战速决。疾,急。

⑦队:古同"坠"。

⑧一人后:言家族中可以有一人承其爵位。

⑨死:拼死力战。

⑩环规:围观。规,通"窥"。

⑪黥:在脸上刺字的酷刑。劓(yì):割鼻的酷刑。

⑫中卒:中军之卒。

⑬参：一同。

⑭几者：自愿申请之人。几，通"冀"，希冀。

【译文】

在围攻敌国城邑的时候，国司空测量那个城墙的面积和厚度。国尉划分攻打的地点，校、徒分别限定以体积掘取，定出期限，并命令说："最先完成的立头功，最后完成的斥为末等。两次被斥为末等就撤了他的爵位。"打穿了洞穴就堆上柴草，烧起木头。敢死队的士兵，城墙的每一个方向分布十八个。敢死队的士兵，都知道拼死力战，不成功，就要斩首。一个队如能抓获五个敌人，那么这个队的每个士兵，就获得爵位一级。如果战死，他的族人可以有一人承其爵位。如果怕死退避，就在千人围观之下，在城下遭受黥刑或劓刑。国尉划分地段，中军的士兵听从分派。将军搭起木台，和国家的正监、王的御史一同观望。士兵先进城的评为头功，后进城的评为落后。敢死队的士兵，尽量用自己申请的人。自己申请的人不够数，就用希望晋级的人补足。

弱民第二十

【题解】

弱民，就是使民众弱。弱民的实质是使民众服从国家法令，不与国家对抗。本篇围绕民弱与国强的关系进行阐述。作者开篇就说"民弱国强，民强国弱"。民众本分守法，就听从国家调遣，国家政权才会强有力。谈到具体的措施，又回到法治的根本上。君主应该重视法度，用严明的赏罚制度鼓励农战，用灵活的爵禄制度使富裕的民众拿出粮食换取官爵，用统一的法制清除"六虱"和空谈仁义。最后举楚国亡国的例子，说明不实行法治强国也会变弱。本篇与《强民》篇文字有所重复，蒋礼鸿引蒙季甫文，认为此篇乃《强民》篇的注。又篇中文字有与《荀子》相重者，可以肯定此篇不是商鞅所作。

民弱国强；民强国弱。故有道之国务在弱民。民朴则弱，淫则强。弱则轨①，强则越志。轨则有用，越志则乱②。故曰：以强去强者，弱；以弱去强者，强。

【注释】

①轨：遵循，此指守法。

②越志：放纵其心。

【译文】

民众弱，国家就强；民众强，国家就弱。所以治理得法的国家致力于使民众弱。民众朴质就弱，民众放纵就强。弱就会守法，强就任意作为。人民守法就听从命令，任意而行就不受控制。所以说：采取强民政策以摒除强民的国家，力量弱；采用弱民政策以摒除强民的国家，力量强。

民，善之则亲，利之用则和；用则有任，和则匮；有任，乃富于政①。上舍法，任民之所善，故奸多。民贫则力富，力富则淫，淫则有虱。故民富而不用，则使民以食出官爵，官爵必以其力，则农不偷。农不偷，六虱无萌。故国富而贫治，重强。

【注释】

①“民”七句：从句首至此，文字难以解读，蒋礼鸿以《说民》篇解其大概，今且从蒋说。以“用善则民亲其亲，任奸则民亲其制。合而覆者，善也。章善则过匿，任奸则罪诛”为译文。

【译文】

民众，国家用“善”他们就亲爱他们的家人，用“奸”他们就亲近国家的制度。民众和同而掩盖过失，是用“善”的结果。任用“善人”就会隐匿罪恶，任用“奸人”罪恶就会得到惩罚。如果国君抛弃法度，放任人民为所欲为，那奸邪就多了。人民贫穷就会努力致富，致富就会放纵，放纵就会产生虱害。因而人民富裕了而没有战事，那就让他们以粮谷换取爵位，爵位的取得必须凭借他们的实力，那样农民就不怠惰。农民不怠惰，六种虱害就不会产生。所以国家富强人民守法，强上加强。

兵易弱难强；民乐生安佚。死难，难正^①。易之则强。事有羞^②，多奸；寡赏^③，无失。多奸疑^④，敌失，必利。兵至强，威；事无羞，利。用兵久处利势，必王。故兵行敌之所不敢行，强；事兴敌之所羞为，利。法有，民安其次^⑤；主变，事能得齐^⑥。国守安，主操权，利。故主贵多变，国贵少变。

【注释】

①正：期望。

②羞：羞战之心。

③寡赏：即"利出一空"。

④疑：止息。

⑤次：秩序。

⑥齐：通"济"，成功。

【译文】

国家兵力衰弱容易，强大困难；人们都爱惜生命，贪图安逸。拼死赴国难，是难以期望做到的。若让民众觉得拼死赴国难是容易的事，兵力就强大了。人民若有羞战之心，那奸邪就会增加；国家赏赐出于一途，就没有差错。奸邪止息，敌人有过失，一定有利。兵力强大，就会产生声威；作战不以任何手段为羞耻，就利于用兵。用兵长时间处于有利形势，一定能称王。所以用兵做敌人所不敢做的，兵力就强大；做敌人认为可耻的事，国家就有利。法度有常，人民才能各安其位；君主随机应变，才能万事成功。国家有常法，国君操纵大权，就有利。所以国君以机变为贵，国家以稳定为贵。

利出一孔，则国多物；出十孔，则国少物。守一者治，守十者乱。治则强，乱则弱。强则物来，弱则物去。故国致物者强，去物者弱。

【译文】

利禄出于一个渠道，国家的物资就多；出于十个渠道，国家的物资就少。用一个渠道的国家，治理严整；用十个渠道的国家，治理混乱。国家治理严明就强大，治理混乱就弱小。强物资就会集聚，弱物资就会流散。所以国家使物资集聚的就强，使物资流散的就弱。

民，辱则贵爵，弱则尊官，贫则重赏。以刑治民，则乐用；以赏战民，则轻死。故战事兵用曰强①。民有私荣，则贱列卑官②；富则轻赏。治民羞辱以刑，战则战。民畏死，事乱而战，故兵农怠而国弱。

【注释】

①事：治，谨严。

②列：位。

【译文】

民众，地位卑弱就会崇尚爵位，怯弱就会尊敬官吏，贫穷就重视赏赐。朝廷用刑法统治人民，民众就乐为所用；用赏赐来奖励战争，民众就会轻视死亡。因此临战严整士兵全力以赴，就叫强。民众有自以为荣的尺度，就会轻视官位鄙视官吏；人民富裕就看不起赏赐。治理民众以刑法羞辱他们，战争时他们才会出战。民众贪生怕死，部署纷乱而去与别国交战，所以士兵与农民都会怠惰，国家力量就弱。

农、商、官三者，国之常官也。农辟地，商致物，官治民。三官生虱六，曰"岁"，曰"食"；曰"美"，曰"好"；曰

"志",曰"行"。六者有朴^①,必削。农有余食,则薄燕于岁^②。商有淫利,有美好,伤器。官设而不用,志、行为卒^③。六虱成俗,兵必大败。

【注释】

①朴:根。

②薄:发语词,无意。燕:安,安逸。

③卒:众。

【译文】

农民、商人、官吏这三种人,是国家稳定的职业。农民开垦土地,商人贩卖货物,官吏治理人民。这三种职业会产生六种虱害:叫做"岁"虱、"食"虱,"美"虱,"好"虱,"志"虱,"行"虱。这六种虱害生了根,国家必定削弱。农民有了剩余的粮食,于是成年安逸享乐。商人获取了丰厚的利润,推崇华丽好玩的物品,于是对于用品产生了不良的影响。官吏虽然设置了而不肯为国家出力,儒家的异志高行成风。六种虱害形成风气,打起仗来必定大败。

法枉治乱;任善言多。治众国乱;言多兵弱。法明治省;任力言息。治省国治;言息兵强。故治大,国小;治小,国大。

【译文】

法度偏斜,统治就要混乱;任用贤良,异言就要盛行。治国的方针纷杂,国家就混乱;异言盛行,兵力就弱。法度明确,治理的方法就会省简;任用力量,异言就会停止。治理的方法省简,国家就政治清明;异言停止,兵力就强。所以治理得多,国家的力量就小;治理得少,国家的力量就大。

　　政作民之所恶,民弱;政作民之所乐,民强。民弱国强;民强国弱。故民之所乐民强,民强而强之,兵重弱。民之所乐民强,民强而弱之,兵重强。故以强重弱,削;以弱重强,王。以强攻强弱,强存;以弱攻弱强,强去。强存则弱;强去则王。故以强政弱,削;以弱攻强,王也。

【译文】

　　政策制定的是人民所憎恶的东西,人民就弱;政策制定的是人民所喜欢的东西,人民就强。人民弱,国家就强;人民强,国家就弱。人民所喜欢的是人民强,如果人民强了而政策又使他们更强,结果兵力就弱上加弱了。人民所喜欢的是人民强,如果人民强了而政策又使他们转弱,结果兵力就强上加强了。所以实行强民的政策以致兵力弱上加弱,国力就削弱;实行弱民的政策以致兵力强上加强,就能成就王业。用强民的政策治理强民和弱民,强民仍然存在;用弱民的政策治理弱民和强民,强民就会消灭。强民存在,国家就弱;强民消灭,就能成就王业。可见用强民政策统治弱民,国家就会削弱;用弱民政策统治强民,就能成就王业。

　　明主之使其臣也,用必加于功,赏必尽其劳。人主使其民信此如日月,则无敌矣。今离娄见秋豪之末,不能以明目易人;乌获举千钧之重,不能以多力易人;圣贤在体性也,不能以相易也。今当世之用事者,若欲为上圣,举法之谓也①。背法而治,此任重道远而无马、牛,济大川而无舡楫也②。今夫人众兵强,此帝王之大资也,苟非明法以守之也，与危亡为邻。故明主察法，境内之民无辟淫之心，游处之士迫于战陈③，万民疾于耕战。有以知其然也。楚国之民齐疾而均④，速若飘风⑤。宛钜铁钝⑥，利若蜂虿⑦；胁鲛犀兕⑧，坚若金石。江、汉以为池⑨，汝、颍以为限⑩，隐以邓林⑪，缘以方城⑫。秦师至，鄢、郢举⑬，若振槁⑭；唐蔑死于垂涉⑮，庄跻发于内⑯，楚分为五⑰。地非不大也，民非不众也，甲兵财用非不多也；战不胜，守不固，此无法之所生也，释权衡而操轻重者。

【注释】

①举：任。

②舡（xiāng）：船。

③陈：通"阵"。

④齐疾：行动敏捷。均：齐整。

⑤飘风：旋风。

⑥宛：楚国地名。在今河南南阳。以产铁著称。钜铁钝（shī）：大铁矛。

⑦蜂虿（chài）：指蜂尾的刺。蜂和虿都是有毒刺的螫虫。

⑧胁：两膀。鲛：鲛鱼，即鲨鱼。犀兕：犀牛。兕，雌犀牛。以上三种动物，其皮特坚。

⑨池：护城河。

⑩汝、颍：汝水和颍水。限：险阻。

⑪邓林：古地名。战国时在楚国北境。

⑫方城：春秋时楚国北部的长城。为古九塞之一。

⑬鄢、郢：地名。今湖北江陵北。春秋楚文王定都于郢，惠王之初曾迁都于鄢，仍号郢。因以"鄢郢"指楚都。举：攻下。公元前

301 年,秦与齐、韩、魏共攻楚,杀楚将唐蔑。庄跻起义队伍乘机攻下郢都。

⑭振:抖落。槁:枯叶。

⑮唐蔑:战国时楚国将领。垂涉:也作"垂沙",地名。在今河南唐河西南。

⑯庄跻:战国时楚国农民起义领袖,与跖齐名。

⑰楚分为五:在垂沙之役之后,庄跻率领军队叛变引发人民起事,把楚国分割成了几块。

【译文】

明君任用他们的臣下,任命一定要充分彰显他的功绩,奖赏一定要囊括他的所有功劳。国君使臣民相信这一点就像相信天上的日月一样,那样就无敌于天下了。离娄能看到秋毫之末,而不能将他的明目借给旁人;乌获能举起千钧的重量,却不能把他的神力给予旁人;圣贤的才能在于禀性,也不能给予旁人。当今掌握政权的人,如果想成为圣人,那就要实行法治。舍弃法度治理国家,好比任重道远而没有牛马,又像想渡过大河而没有舟船。现在国家人口多兵力强,是成就帝王之业的绝好资本,但如不严明法令巩固它,就接近危亡了。所以明君修明法度,使国内的民众没有淫邪的念头,游客处士都参加战斗,万民都努力于农作和战争。国君要明白其中的道理啊。楚国的民众行动迅速而统一,快如旋风。手持宛地的长矛,如蜂蝎的刺一样锋利;身披鲛鱼、犀牛皮制的铠甲,像金石一样坚硬。又有长江、汉水作护城河,有汝水、颍水作险阻,有邓林作屏障,有方城作要塞。可是秦兵到来,攻下鄢、郢如同抖落枯叶;楚国大将唐蔑在垂涉战死,庄跻在国内起义,楚国就一分为五。楚国土地不是不广阔,人民不是不众多,兵甲财物不是不充足;而作战却不能取胜,防守不能坚固,这就是不修明法度导致的,舍弃法度治理国家,如同舍弃权衡而去量轻重一样。

御盗第二十一

本篇亡佚。

外内第二十二

【题解】

外内，即对外对内的政策。本篇阐述了对外重战、对内重农的思想。作者认为作战与农耕是立国之本，但民众却以作战为最恐惧的事情，以农耕为最劳苦的事情，不会心甘情愿地去做。驱使民众去从事农耕和作战都必须使用重法，使民众逃避农战受到的处罚比前去作战农耕还痛苦。同时堵塞所谓游手好闲、能言善辩者的晋爵之路，加重工商业者的赋税，抬高粮食价格，堵塞工商业者牟取暴利的途径。总而言之，当边境攻防的好处都给予战士，市场贸易的好处都给予农民时，就会国富兵强。

民之外事莫难于战，故轻法不可以使之。奚谓轻法？其赏少而威薄，淫道不塞之谓也。奚谓淫道？为辩知者贵，游宦者任，文学私名显之谓也。三者不塞，则民不战而事失矣。故其赏少，则听者无利也；威薄，则犯者无害也。故开淫道以诱之，而以轻法战之，是谓设鼠而饵以狸也，亦不几乎^①？故欲战其民者，必以重法。赏则必多，威则必严，淫道必塞。为辩知者不贵，游宦者不任，文学私名不显。赏多威严，民见战赏之多则忘死，见不战之辱则苦生。赏使之忘死，而威使之苦生，而淫道又塞，以此遇敌，是以百石之弩射瓢叶也②，何不陷之有哉③？

【注释】

①几：希望渺茫。

②百石（dàn）之弩：强弩。石，古代重量单位，一石等于一百二十斤。

③陷：攻破。

【译文】

民众认为对外没有比战争更难的了，所以朝廷用轻法就不能使他们去作战。什么叫轻法呢？即奖赏不多而刑罚不重，放任的道路没有堵住。什么是放任的道路呢？就是能言善辩的人得到尊重，游走求官的人得到任用，儒家学说得到显扬。这三种途径若是不堵住，那么民众不肯出战而国家就会失败。所以朝廷赏赐少，听从法令的人就得不到好处；刑罚轻，违反法令的人就得不到什么处罚。所以开启放任之途诱导百姓不务正业，而用轻法驱使百姓去参战，这同诱捕老鼠而用狸猫作饵一样，岂不是希望渺茫？因此要想让人民出战，必须用重法。赏赐必须多，刑法必须严，放任的道路必须堵住。让能言善辩之人得不到尊贵，游走求官之人得不到任用，儒家学说思想得不到显扬。赏赐多而刑罚严，民众见到作战的赏赐多就忘记了死的危险，见到不参加战争受到的侮辱就害怕那样活着。重赏使他们忘记死的危险，严刑使他们害怕痛苦地活着，放任之路又被阻塞，用这样的办法迎战敌人，好比用百石的强弩射飘摇的树叶，还有攻不破的吗？

民之内事，莫苦于农，故轻治不可以使之。奚谓轻治？

其农贫而商富,故其食贱者钱重,食贱则农贫,钱重则商富;末事不禁,则技巧之人利,而游食者众之谓也。故农之用力最苦,而赢利少,不如商贾、技巧之人。苟能令商贾、技巧之人无繁,则欲国之无富,不可得也。故曰:欲农富其国者,境内之食必贵,而不农之征必多,市利之租必重。则民不得无田,无田不得不易其食,食贵则田者利,田者利则事者众。食贵,籴食不利,而又加重征,则民不得无去其商贾、技巧而事地利矣。故民之力尽在于地利矣。

【注释】

①重:贵。钱重,即钱值钱,如今天所言钱"实"。本句是说食物和货币的价值互为消长。

②田:耕田。

③易:交换。

【译文】

民众认为对内之事,没有比农事更苦的了,所以用轻治不能役使他们。什么叫轻治? 即农民穷而商人富,所以粮食贱而钱就"实",粮食贱农民就穷,钱"实"商人就富;不限制工商业,那么手工业者就会获利,而游荡求食的人也有增多。因此农民用力最为辛苦,而获利最少,不如商人和手工业者。如果能使商人和手工业者不那么多,而国家想要不富,是不可能的。所以说:想发展农业来富国,国内的粮价必须贵,而对不从事农业生产者的赋税必须增加,贸易的利税必须加重。那么百姓不得不去种田,不种田就不得不买粮,粮价高农民就获利,种田获利从事农业的人就会多。粮食贵,买粮就不划算,而又加重赋税,那么百姓就不得不放弃商业、手工业而赚取田利。所以百姓的力量都集中到农业上了。

　　故为国者，边利尽归于兵，市利尽归于农。边利归于兵者强；市利归于农者富。故出战而强，入休而富者，王也。

【译文】

　　所以治国的人，要把守卫边境的好处都给士兵，贸易的好处都给农民。边境的好处给士兵的，就强大；贸易的好处给农民的，就富庶。所以在外征战强悍，在内休养生息国家富裕的，就称王天下了。

君臣第二十三

【题解】

本篇论述君臣在治理国家中的角色和作用。君臣上下的等级制是社会的基本秩序,众多官位的设立是为了辅助君主来管理国家,法度是禁止民众做坏事的。君王要得到民众的尊崇,政令才会畅通;臣子为官清廉,社会才会稳定。而明确的法度是实现以上两点的保障。法律严明,奖赏得当,才能够使将士拼死杀敌,农民努力种田。本文批评了君主违背法度的做法,指出君王的行为对民众有引导作用。所以,君主要注意自己的言行,凡事以法度为准则,必兵强主尊。

古者未有君臣上下之时,民乱而不治。是以圣人列贵贱,制爵位,立名号,以别君臣上下之义。地广,民众,万物多,故分五官而守之①。民众而奸邪生,故立法制、为度量以禁之②。是故有君臣之义、五官之分、法制之禁,不可不慎也。处君位而令不行,则危;五官分而无常,则乱;法制设,而私善行,则民不畏刑。君尊,则令行;官修,则有常事;法制明,则民畏刑。法制不明,而求民之行令也,不可得也。民不从令,而求君之尊也,虽尧、舜之知,不能以治。

明王之治天下也,缘法而治,按功而赏。凡民之所疾战不避死者,以求爵禄也。明君之治国也,士有斩首、捕虏之功,必其爵足荣也,禄足食也。农不离廛者③,足以养二亲,治军事。故军士死节,而农民不偷也。

【注释】

①五官:古代分别掌管五种事情的官职。

②度量:即度量衡。

③廛(chán):古代民居。

【译文】

古时没有君臣上下等级的时候,人民纷乱不得治理。所以圣人划分贵贱,设立爵位,建立名号,来区别君臣上下的等级关系。由于国土广阔,人口众多,物产丰富,所以分设五官来管理。人口众多就会产生奸邪之事,所以创立法度、度量衡来限制奸邪产生。所以有君臣上下的等级关系、五官的职守、法律的限制,行事不能不慎重。处在君位而命令行不通,那就危险了;五官有职守却没有一定之规,那就乱套了;法度已经建立,而私惠风行,那么人民就不惧怕刑罚了。国君有尊严,法令才能行通;官吏清明,政事才有一定之规;法度分明,人民才惧怕刑罚。法度不明,而要求人民服从法令,那是不可能做到的。民众不服从法令,而要国君有尊严,即使以尧舜那样的智慧,也不能做到。明君治理天下,遵照法度来处理政事,按照功劳行赏。凡是人民奋勇作战不畏死亡的,不过是为了求得爵禄。明君治理国家,战士有斩得敌人首级、抓获俘虏的功劳,一定让他的爵位足以荣耀,俸禄足够养活家人。农民不离开居所,足够奉养双亲,供给军队所需粮草。因此士兵才肯殊死战斗,农民才不惰怠。

今世君不然，释法而以知，背功而以誉。故军士不战而农民流徙。臣闻：道民之门在上所先。故民，可令农战，可令游宦，可令学问，在上所与。上以功劳与，则民战；上以《诗》、《书》与，则民学问。民之于利也，若水于下也，四旁无择也①。民徒可以得利而为之者，上与之也。瞋目扼腕而语勇者得②，垂衣裳而谈说者得③，迟日旷久积劳私门者得。尊向三者④，无功而皆可以得，民去农战而为之。或谈议而索之，或事便辟而请之，或以勇争之。故农战之民日寡，而游食者愈众。则国乱而地削，兵弱而主卑。此其所以然者，释法制而任名誉也。

【注释】

①四旁：指东西南北的方向。

②瞋目：瞪大眼睛。扼腕：自己以一手握另一手腕，均形容愤怒、气势汹汹的样子。

③垂衣裳：垂着两手，无所事事的样子。

④向：从前，此指以上。

【译文】

当今的国君却不是这样，他们抛开法度而任人以智慧，不注重功劳而任人以声誉。所以将士不肯作战而农民迁徙。我听说：疏导百姓的关键在于国君的倡导。所以民众，可以让他们务农作战，可以让他们游走求官，可以让他们致力做学问，全取决于国君行赏重在哪里。国君按战功行赏，人民就奋勇作战；国君按人民所读《诗》、《书》的水平赐予爵禄，人民就致力做学问。人民对利益的追逐，好比水向低处流一样，是没有东西南北方向的选择的。人民可以获利而乐于做的事，就是君主的赏赐。气势汹汹好尚勇武的人得到奖赏，游手好闲高谈阔论的人得到奖赏,攀附效力于权贵的人得到奖赏。尊崇以上三种人,他们没有功劳而得到奖赏,那么人民就要放弃农战而做这些事了。有的人用空谈去求得奖赏,有的人依附权贵而获得奖赏,有的人用悍勇去争得奖赏。所以从事农战的人民日益减少,而游荡吃闲饭的人越来越多。那样国家就会混乱,国土会被割削,军队弱而国君地位卑微。产生这种结果的原因,是国君抛开法度而任用虚名。

故明主慎法制。言不中法者不听也①,行不中法者不高也,事不中法者不为也。言中法,则辩之②;行中法,则高之;事中法,则为之。故国治而地广,兵强而主尊。此治之至也,人君者不可不察也。

【注释】

①中(zhòng):符合。

②辩:言辞动听。

【译文】

所以明主重视法度。不合法度的言论不听,不合法度的行为不推崇,不合法度的事情不做。言论合乎法度,就认为动听;行为合乎法度,就推崇;事情合乎法度,就去做。所以国家政治清明,国土扩大;军队强大,国君地位尊崇。这就是政治清明的最高境界,做国君的不能不明辨呀。

禁使第二十四

【题解】

禁使，即限制和驱使。篇题只是取首句中的两个字而成，本篇除了重复依靠赏罚限制和利用民众外，主要讲述君主如何借助外力（即所谓的“势”）和如何采取合适的方法（即所谓的“数”）的问题。文章指出，现在君主需要的外力不是官吏众多，如果官吏有相同的利益，就不可能相互监督，君主需要采用的方法是让官吏和民众相互制约。

人主之所以禁使者，赏罚也。赏随功，罚随罪。故论功察罪，不可不审也。夫赏高罚下，而上无必知其道也，与无道同也。凡知道者，势、数也[①]。故先王不恃其强而恃其势；不恃其信，而恃其数。今夫飞蓬遇飘风而行千里[②]，乘风之势也；探渊者知千仞之深[③]，县绳之数也。故托其势者，虽远必至；守其数者，虽深必得。今夫幽夜，山陵之大，而离娄不见。清朝日䲙[④]，则上别飞鸟，下察秋豪。故目之见也，托日之势也。得势之至，不参官而洁[⑤]，陈数而物当[⑥]。今恃多官众吏，官立丞、监[⑦]。夫置丞立监者，且以禁人之为利也。而丞、监亦欲为利，则何以相禁？故恃丞、监而治者,仅存之治也。通数者不然也。别其势,难其道。故曰:其势难匿者,虽跖不为非焉。故先王贵势。

【注释】

①势:客观形势。数:方法手段。

②飞蓬:指枯后根断遇风飞旋的蓬草。

③仞:测量深度的单位,一仞约合八尺。

④䁪(tuān):明亮。

⑤参:多。

⑥当:治。

⑦丞、监:应是负责监察监督的官吏。

【译文】

国君用来调动和制止臣下的手段,是赏赐和刑罚。赏赐依据功劳,刑罚根据罪行。所以评定功劳、判定罪行不能不审慎。赏功罚罪,但国君不确知其中的道理,那有法度等于没有法度。凡是懂得法度,就是懂得客观形势和统治方法。所以古代帝王不倚仗他的强悍,而是倚仗客观形势;不仗恃他的忠信,而是倚仗统治方法。就像飞蓬遭遇旋风而飘越千里,是因为凭借风势啊;测量深潭的人能够知道八千尺的深度,是因为运用了悬绳测量的方法。所以依凭客观形势的,即使道路遥远也一定能到达;掌握了方法,即使非常深也一定能测出来。假如现在是黑夜,即使有一座高山之大,离娄也看不见。而在清晨阳光明亮,他上能够辨别天上的飞鸟,下能辨别地上的毫毛。所以眼睛能看见东西,是依靠了太阳这一客观条件。善于利用客观形势的君主,不需多设官吏而有廉洁的效果,运用合适的方法政事就会得到治理。现在依靠官多吏众,官吏中设立监察的丞和监。设立丞和监,是为了禁止官员们谋私利。但丞和监也会想谋私利,那么怎么去禁止他们呢? 因此依靠丞和监治理,国家仅免于危亡。通晓治国方法的国君不会这样。分析其客观形势,使谋私之道有障碍。所以说:客观形势难以隐瞒其私利之时,即使是盗跖也不敢做坏事。所以古代帝王重视对客观形势的运用。

　　或曰:"人主执虚后以应①,则物应稽验②,稽验则奸得。"臣以为不然。夫吏专制决事于千里之外③,十二月而计书以定④。事以一岁别计⑤,而主以一听,见所疑焉,不可蔽⑥,员不足⑦。夫物至,则目不得不见;言薄⑧,则耳不得不闻。故物至则变⑨,言至则论。故治国之制,民不得避罪,如目不能以所见遁心。今乱国不然,恃多官众吏。吏虽众,事同体一也。夫事同体一者,相监不可。且夫利异而害不同者,先王所以为保也⑩。故至治,夫妻交友不能相为弃恶盖非,而不害于亲,民人不能相为隐。上与吏也,事合而利异者也。今夫驵虞⑪,以相监不可,事合而利同者也。若使马焉能言,则驵虞无所逃其恶矣,利异也。利合而恶同者,父不能以问子,君不能以问臣。吏之与吏,利合而恶同也。夫事合而利异者,先王之所以为保也。民之蔽主,而不害于监,贤者不能益,不肖者不能损。故遗贤去智,治之数也。

【注释】

①虚:道家术语,指排除主观意念。后:道家术语,退守。

②稽验:核查。

③专制:独立行事。

④计书:向国君呈报的文书,记载户口、垦田、钱粮出入之数的簿册。

⑤计：核算。

⑥蔽：断。

⑦员：物数。

⑧薄：迫近。

⑨变：通"辨"，明。

⑩保：连坐。

⑪驺虞：本指豢养鸟兽之官，此指养马指人。

【译文】

　　有人说："君主以虚心、退守的态度对待一切，就能使事物得到核查校验，经过核查校验就能发现奸邪。"我认为不是这样。官吏在千里之外的地方独立决断政务，十二个月按时将地方的大小事情登在簿书上。各类事情以一年为单位分别核算，而君主只处理一次，即使有所怀疑，也不能断定，因为物证不足。但是东西在眼前出现，眼睛就不会看不到；声音在耳边响起，就不会听不见。所以东西在眼前就分辨清楚，言语出现才能讨论决定。所以治理清明的国家的法度，人民不能隐藏他们的罪恶，就像眼睛不能使见到的逃出心的审视一般。今天政治昏乱的国家不是这样，只凭官吏众多。官吏虽多，利益一致。利益一致，不可能互相监督。而利害不同，才是古代君主实行连坐的根据。所以好的政治，夫妻、朋友都不能互相包庇掩盖罪恶，但并不妨害亲情，而是周围的民众不容他们隐瞒。君主与官吏，就是事务相关而利益不同的关系。如果让马夫和马夫互相监督就不行，因为他们事务相关而利益一致。假如马什么时候会说话，马夫的罪恶就无处隐藏了，因为马和马夫的利益是不同的。利益一致、罪恶相同的人，父亲不能追究儿子，君主不能追究臣下。官吏与官吏，就是利益相同而罪恶也相同。只有事务相关而利益不同，才是帝王建立连保的根据。人民蒙蔽君主，而不受监督的妨碍，这样贤者不能增加，不贤之人不能减少。所以冷落贤人屏除智者，是政治清明的方法。

慎法第二十五

【题解】

慎法,即严格遵守法令。国家既然制定了赏罚出于农战的法令,就要严格执行。但事实是,君主常常用混乱的方法治理国家,任用所谓的贤者,而贤者的名声由舆论而来。这样,势必形成赏罚重奸巧而不重战功的局面,使社会流弊横生。所以,治理国家任用人才还要强调法治,赏罚出于战功,使伪诈无处施展。抓住民众趋利避害的本能,制定相应的赏罚措施,规定民众的好处只能从耕作获得,民众要避免刑罚只能参加征战。用严格的法令驱使民众致力于耕战,就会国富民强,成就王业。

凡世莫不以其所以乱者治,故小治而小乱,大治而大乱。人主莫能世治其民,世无不乱之国。奚谓以其所以乱者治?夫举贤能,世之所治也,而治之所以乱。世之所谓贤者,善正也。所以为善正也,党也。听其言也,则以为能;问其党,以为然。故贵之不待其有功;诛之不待其有罪也①。此其势正使污吏有资而成其奸险②,小人有资而施其巧诈。初假吏民奸诈之本③,而求端悫其末④,禹不能以使十人之众,庸主安能以御一国之民? 彼而党与人者⑤,不待我而有成事者也。上举一与民⑥,民倍主位而向私交。民倍主位而向私交,则君弱而臣强。君人者不察也,非侵于诸侯,必劫于百姓。彼言说之势,愚智同学之,士学于言说之人,则民释实事而诵虚词。民释实事而诵虚词,则力少而非多⑦。君人者不察也,以战必损其将;以守必卖其城⑧。

【注释】

①诛:处罚。

②资:凭借。

③假:借,贷。

④端悫(què):正直朴实。

⑤与:交好。

⑥举:任。

⑦非:通"诽",诽谤。

⑧卖:背叛,此指丢弃。

【译文】

现在的国君没有不用乱国的方法去治国,所以他们管得少国家就小乱,管的多国家就大乱。国君没有谁能够世世代代统治人民,而世界上没有不乱的国家。什么叫做用乱国的方法去治国呢? 例如任用贤能之人,就是现在国君们采用的统治方法,然而这正是用乱国的方法去治国。人们所说的"贤",是良善、正直。但良善正直的名声,出于他们的党羽。国君听他的言论,就认为他贤能;询问他的党羽,都称赞他贤能。因而对其人不待立功,就给予赏赐;不待有罪,就加以刑罚。这种情况,正是使贪官污吏有了可乘之机完成阴险的行为,使小人有可乘之机施展他们的巧诈。一开始就给了官吏和人民欺诈的根本,而希望他们长出端正和朴实的枝叶,即使是大禹也不能以此统领十人的小团队,而平庸的国君怎能以此统治一国的臣民? 那些结成党羽的人,不待国君发令就能达到自己的目的。国君任用这样一个人,臣民就背叛国君而倾向私交。臣民背叛国君而倾向私交,君主就弱而大臣就强。国君不认识到这一点,不是受诸侯的侵犯,就要被百姓所推翻。那些人谈说的影响,使愚昧和智慧的人都效仿,人们向谈说的人学习,因而人们都放弃做实事而去发表空洞的言论。人们都放弃做实事而去发表空洞的言论,因而国家也就实力少而流言蜚语多。国君认识不到这一点,用这样的臣民去征战,必定损兵折将;用这样的臣民去防守,必定丢弃城邑。

故有明主忠臣产于今世,而欲领其国者,不可以须臾忘于法①。破胜党任②,节去言谈,任法而治矣。使吏非法无以守,则虽巧不得为奸。使民非战无以效其能,则虽险不得为诈。夫以法相治,以数相举。誉者不能相益,訾者不能相损③。民见相誉无益,习相爱不相阿④;见訾言无损,习相憎不相害也。夫爱人者,不阿;憎人者,不害。爱恶各以其正,治之至也。臣故曰:法任而国治矣。

【注释】

①须臾:片刻。

②任:佞,奸巧。

③訾(zǐ):诋毁。

④习:平素。阿(ē):徇私。

【译文】

因此现在如果有明主忠臣出现,想要统治他们的国家,不能片刻忘掉法度。战胜党羽和奸巧,取消虚妄之言,依照法度政治就清明了。使官吏除了法度之外没有倚仗的东西，那么即使奸巧也做不了坏事。使百姓除了战争没有施展他们能力的地方，那么即使奸诈也不能做出坏事。用法度来统治，用规定来用人。赞誉不会给人带来什么好处，诋毁不会给人带来什么损害。百姓见相互称誉没有什么好处，就会形成相爱但不徇私的风气；见诋毁没有给他人带来什么损害，就会形成相互监督但不去损害他人的风气。喜爱某人，而不对其偏私；憎恶某人，而不去贬损他。喜爱和憎恶都有正当的表现，这是统治的至高境界。所以我说：运用法度国家就政治清明。

千乘能以守者，自存也；万乘能以战者，自完也。虽桀为主，不肯诎半辞以下其敌①。外不能战，内不能守，虽尧为主，不能以不臣谐所谓不若之国②。自此观之，国之所以重、主之所以尊者，力也。于此二者本于力，而世主莫能致力者，何也？使民之所苦者无耕，危者无战。二者，孝子难以为其亲，忠臣难以为其君。今欲毆其众民③，与之孝子忠臣之所难，臣以为，非劫以刑而驱以赏莫可。而今，夫世俗治者，莫不释法度而任辩慧，后功力而进仁义，民故不务耕战。彼民不归其力于耕，即食屈于内④；不归其节于战，则兵弱于外。入而食屈于内，出而兵弱于外，虽有地万里、带甲百万，与独立平原一贯也⑤。且先王能令其民蹈白刃，被矢石⑥。其民之欲为之，非好学之，所以避害。故吾教令：民之欲利者，非耕不得；避害者，非战不免。境内之民莫不先务耕战，而后得其所乐。故地少粟多，民少兵强。能行二者于境内，则霸王之道毕矣。

【注释】

①诎(qū)：同"屈"。

②谐：使和谐，此指讲和。

③敺(qū)："驱"的古字。

④屈：竭。

⑤贯：事。

⑥被：迎受。矢：箭。

【译文】

有千辆兵车用来守卫的国家，可以自保；有万辆兵车用来征战的国家，江山稳固。即使桀为君主，也不肯说半句软话向敌人示弱。对外不能征战，对内不能防守，即使尧为君主，也不能不向不如自己的国家讲和臣服。由此可见，国家受到重视、国君受到尊重的原因，就在于自己的力量。提高国家和君主地位的根本是力量，而国君没有全力追求，是因为什么呢？使百姓感到劳苦的事无非是耕田，危险的事无非是战争。这两件事，孝子为了他的父亲、忠臣为了他的国君，都难以做到。现在想驱使百姓，交给他们孝子忠臣都难以做到的事，我以为，除非以刑罚来胁迫他们、以奖赏来驱使他们不可。但现在，世上的君主，没有不放弃法度而任用巧言与智慧的，把功劳和力量置于后面而把仁义摆在前面，百姓因此不致力于耕战。他的民众不把力量集中在耕田上，国内的粮食就缺乏了；不把节义放在战争中，对外兵力就弱了。在内粮食缺乏，对外兵力薄弱，即使有国土万里、带甲将士百万，国家同独自站在平原上的人一样。古代帝王能让他的臣民面对刀剑，迎向箭弩。他的百姓之所以愿意这样做，不是他们爱好这样，而是为了免于刑罚。所以我们教令：百姓想追求利益，不耕田就得不到；想避免刑罚，不去作战就不能免除。国内的人民没有不先致力于耕战，然后才得到他们的安乐的。所以田地少而粮食多，人民少而兵力强。能在国内做到这两点，那么成就霸业的道路就准备好了。

定分第二十六

【题解】

定分，即确定名分。本篇论述了如何保障法令快速普及并得到彻底执行的问题。法令订立后，要由对该法令有透彻理解的人负责在地方推广和解释。法令有专门的人保管，不允许擅自删改，歪曲其内容。从天子到诸侯每级都设立法官，郡县还要额外设立法吏。法令条文要简明易懂，能够被民众理解。这样，使人人都知法、懂法，形成上下制约的机制。制定法令的实质是确定事物的归属，人们对事物归属的判定有法可依，就不会恶意争夺。所以，法令明，名分定。人民自治，亦天下大治。

公问于公孙鞅曰："法令以当时立之者①，明旦欲使天下之吏民皆明知而用之，如一而无私，奈何？"

【注释】

①当时：指今日，与下文"明旦"相对。

【译文】

秦孝公问公孙鞅说："今天制定的法令，明天清晨就想让全国的官吏和百姓都明确了解并奉行，一致而没有奸私，应该怎么办？"

公孙鞅曰：为法令，置官吏。朴足以知法令之谓者，以为天下正①，则奏天子。天子若②，则各主法令之。皆降，受命发官③，各主法令之。民敢忘行法令之所谓之名，各以其所忘之法令名罪之。主法令之吏有迁徙物故④，辄使学读法令所谓⑤。为之程序，使日数而知法令之所谓，不中程，为法令以罪之。有敢剟定法令损益一字以上⑥，罪死不赦。诸官吏及民，有问法令之所谓也于主法令之吏，皆各以其故所欲问之法令，明告之。各为尺六寸之符⑦，明书年、月、日、时、所问法令之名，以告吏民。主法令之吏不告，及之罪，而法令之所谓也⑧，皆以吏民之所问法令之罪，各罪主法令之吏。即以左券予吏之问法令者，主法令之吏谨藏其右券木柙，以室藏之，封以法令之长印。即后有物故，以券书从事。

【注释】

①正：长，官吏。

②若：古同"诺"，许可。

③发官：赴任。

④物故：亡故，去世。

⑤辄（zhé）：立刻。

⑥剟（duō）：刻写、删削，此指修改。

⑦符：符信，记载命令、公文等，盖有官府印信。

⑧而：乃。

【译文】

公孙鞅说：制定法令，设置官吏。朴实足以使百姓知道法令的内容的人，可以任用为当地的官吏，上报给天子。天子应允，就命令他们主管法令。他们都躬身受命，前去上任，各自主管各地的法令。民众胆敢忘记遵守法令的某项规定，就用他所忘记的法令规定惩罚他。主管法令的官吏，若有升迁调动或死去，立刻就命人学习法令的内容。为他做出规划，让他几日内要通晓法令的内容，不能按照规划完成，就用法令惩罚他。若有胆敢删改法令而增减一个字以上的，就是死罪而绝不赦免。众官吏和民众，有向主管法令的官吏询问法令的具体内容，主管法令的官吏必须针对他们的问题，明确答复他们。而且要制一个一尺六寸长的符信，符信上写明年、月、日、时辰、所问法令的内容，宣告给官吏和民众。主管法令的官吏如果不宣告，等到有一天询问的民众犯的罪，正是他们所询问的那一条，那就按民众所询问的那条罪状，来惩罚主管法令的官吏。写好符信，就要把符信的左片给询问法令的人，主管法令的官吏则小心地将右片装入木匣，保存在一个屋子中，用法令长官的印封上。即使以后主管法令的官吏死了，也依照符信办事。

法令皆副①，置一副天子之殿中，为法令为禁室，有键钥②，为禁而以封之③，内藏法令一副禁室中④，封以禁印。有擅发禁室印⑤，及入禁室视禁法令，及剟禁一字以上，罪皆死不赦。一岁受法令以禁令⑥。

【注释】

①副：副本。

②键钥：锁钥。

③禁：封禁，相当于今天的封条。

④内：古同"纳"，收藏。

⑤发：开启。

⑥受：授。

【译文】

　　法令都有副本,将一份副本放在天子的殿中,给法令辟一禁室,有锁钥,制作专门的封条封起来,把法令的副本藏于禁室,用禁印封上。有擅自开启禁室印封的,以及进入禁室偷看禁室的法令,以及删改禁室中法令一个字以上的,都是死罪绝不赦免。每年一次,将禁室所藏法令颁布给官吏。

　　天子置三法官:殿中置一法官,御史置一法官及吏,丞相置一法官。诸侯、郡、县皆各为置一法官及吏,皆比秦一法官。郡、县、诸侯一受赍来之法令①,学并问所谓。吏民欲知法令者,皆问法官。故天下之吏民,无不知法者。吏明知民知法令也,故吏不敢以非法遇民②,民不敢犯法以干法官也。遇民不修法③,则问法官,法官即以法之罪告之,民即以法官之言正告之吏。吏知其如此,故吏不敢以非法遇民,民又不敢犯法。如此,天下之吏民虽有贤良辩慧,不能开一言以枉法;虽有千金④,不能以用一铢⑤。故知、诈、贤能者皆作而为善,皆务自治奉公。民愚则易治也,此所生于法明白易知而必行。

【注释】

①赍:送。

②遇:对待。

③修:遵循。

④金:古代货币单位,黄铜二十两。

⑤铢:古代重量单位,二十四铢为一两。

【译文】

天子设置三个法官：宫殿中设置一个，御史设置一个，丞相设置一个。诸侯和郡县也为他们各设置一个法官和法吏，全都比照秦都的法官。诸侯、郡、县一旦接到送来的法令，就学习并询问法令的内容。官吏和百姓想知晓法令的，都询问法官。所以天下官吏民众，没有不知晓法令的人。官吏明知百姓知道法令，所以官吏不敢以非法手段对待民众，民众也不敢犯法来触犯法官。官吏对待民众不遵循法令规定，人民就可以向法官询问，法官就将法令所规定的罪名告诉他们，百姓就将法官的话警告官吏。官吏知道事情这样，就不敢用非法手段对待民众，民众也不敢犯法。像这样，国内的官吏和民众，即使有贤良、善辩和狡猾的人，也不敢说一句违法的话；即使有千金之富，也不能使一铢钱的使用违法。于是聪明、巧诈、贤能的人都发生改变去做好事，都努力自治服从国家的法令。人民愚昧就容易统治，这是由于法令明白易懂就一定会遵从。

法令者，民之命也，为治之本也，所以备民也①。为治而去法令，犹欲无饥而去食也，欲无寒而去衣也，欲东而西行也，其不几亦明矣②。一兔走，百人逐之，非以兔为可分以为百，由名分之未定也③。夫卖兔者满市，而盗不敢取，由名分已定也。故名分未定，尧、舜、禹、汤且皆如骛焉而逐之④；名分已定，贪盗不取。今法令不明，其名不定，天下之人得议之。其议，人异而无定。人主为法于上，下民议之于下，是法令不定，以下为上也。此所谓名分之不定也。夫名分不定，尧、舜犹将皆折而奸之⑤，而况众人乎？此令奸恶大起，人主夺威势，亡国灭社稷之道也。今先圣人为书而传之后世，必师受之⑥，乃知所谓之名；不师受之，而人以其心意议之,至死不能知其名与其意。故圣人必为法令置官也,置吏也,为天下师,所以定名分也。名分定,则大诈贞信,巨盗愿悫[7],而各自治也。故夫名分定,势治之道也;名分不定,势乱之道也。故势治者不可乱,势乱者不可治。夫势乱而治之,愈乱;势治而治之,则治。故圣王治治,不治乱。

【注释】

①备:防备。

②几:近。

③为可分以为百,由名分之未定也:此句据《群书治要》补。

④骛(wù):同"骛",疾驰。

⑤折:改道。

⑥受:授。

⑦愿:老实。悫:诚实。

【译文】

法令,是人民的生命,是治国的根本,是用来防备民众的。治国而抛开法令,好比希望不挨饿却抛弃粮食,希望不受冻却丢弃衣服,希望到东方却向西走一样,其相去甚远是很明显的。一只兔子跑了,一百个人追赶,并不是因为捉到兔子后每个人都能分到兔子的百分之一,而是因为兔子的所有权没有确定。而市场上到处有卖兔子的,盗贼却不敢去偷,这是因为市场上兔子的所有权是明确的。所以当事物的名分没有确定以前,尧、舜、禹、汤也急切地追逐;而名分确定后,贪婪的盗贼也不敢夺取。现在法令不明确,其条目不固定,天下百姓都会评议。其评议,众说纷纭没有定说。人君在上制定法令,百姓在下议论纷纷,这是法令不定,以下为上。这就是所说的名分不定。名分不定,尧、舜尚且都会走邪路去违法,何况普通百姓?这样就使奸恶大兴,人君失掉权威，这是国家社稷灭亡的道路。如今古代圣人著书流传于后世，必须由教师教授，才能知道其具体内容；如果不由教师传授，人人都以自己的想法来解读，到死时也不能知道书中文字和它的具体意义。所以圣人一定给法令设置法官、法吏，做天下人的老师，就是为了定名分。名分确定了，大奸之人可以变得正直诚实，大盗都谨慎老实，而都能各自为治。所以确定名分，是社会得到治理的办法；名分不确定，是社会形势治理混乱的办法。社会得到治理就不会乱，社会治理混乱就不会得到治理。社会形势治理混乱再加治理，就会更乱；社会得到治理再加治理，才会安定大治。所以圣王在社会得到治理的情况下来治国，不是在社会形势治理混乱的情况下来治国。

夫微妙意志之言，上知之所难也。夫不待法令绳墨①，而无不正者，千万之一也。故圣人以千万治天下，故夫知者而后能知之，不可以为法，民不尽知。贤者而后知之，不可以为法，民不尽贤。故圣人为法必使之明白易知，名正，愚知遍能知之。为置法官，置主法之吏，以为天下师，令万民无陷于险危。故圣人立，天下而无刑死者，非不刑杀也，行法令明白易知，为置法官吏为之师，以道之知②。万民皆知所避就，避祸就福，而皆以自治也。故明主因治而终治之，故天下大治也。

【注释】

①绳墨：本为木工打直线所用的墨线，此指规矩。

②道：通"导"。

【译文】

微妙地表达思想的言论，上等才智的人也不易理解。不需要法令规范,而行为都正确的,在千万人中只有一个。所以圣人是针对千万人来治理天下,所以只有智者理解后别人才能够明白的东西,不能用来作为法令,因为百姓不是人人都是智者。只有贤能的人理解后别人才能够理解的东西,不能用作法令,因为百姓不是人人贤能。所以圣人制定法令一定使它明白易懂,确定名分,愚人智者都能理解。为百姓设置法官,设置负责法令的官吏,作为民众的老师,使万民不致陷入触犯法令的危险境地。所以圣人掌握政权,天下没有受刑被杀的人,并不是他不用刑法杀人,而是圣人推行的法令明白易懂,又给人民设置法官、法吏作他们的老师,引导他们理解法令。万民都知道应躲避什么、靠近什么,避祸近福,就都能各自为治。所以明君凭借人民自治的基础来完成国家的治理,所以天下就大治了。

中华经典名著
全本全注全译丛书
（已出书目）

周易	晏子春秋
尚书	穆天子传
诗经	战国策
周礼	史记
仪礼	吴越春秋
礼记	越绝书
左传	华阳国志
韩诗外传	水经注
春秋公羊传	洛阳伽蓝记
春秋穀梁传	大唐西域记
孝经·忠经	史通
论语·大学·中庸	贞观政要
尔雅	营造法式
孟子	东京梦华录
春秋繁露	唐才子传
说文解字	大明律
释名	廉吏传
国语	徐霞客游记

读通鉴论	新书
宋论	淮南子
文史通义	九章算术（附海岛算经）
老子	新序
道德经	说苑
帛书老子	列仙传
鹖冠子	盐铁论
黄帝四经·关尹子·尸子	法言
孙子兵法	方言
墨子	白虎通义
管子	论衡
孔子家语	潜夫论
吴子·司马法	政论·昌言
商君书	风俗通义
慎子·太白阴经	申鉴·中论
列子	太平经
鬼谷子	伤寒论
庄子	周易参同契
公孙龙子（外三种）	人物志
荀子	博物志
六韬	抱朴子内篇
吕氏春秋	抱朴子外篇
韩非子	西京杂记
山海经	神仙传
黄帝内经	搜神记
素书	拾遗记

世说新语

弘明集

齐民要术

刘子

颜氏家训

中说

群书治要

帝范·臣轨·庭训格言

坛经

大慈恩寺三藏法师传

长短经

蒙求·童蒙须知

茶经·续茶经

玄怪录·续玄怪录

酉阳杂俎

历代名画记

化书·无能子

梦溪笔谈

北山酒经(外二种)

容斋随笔

近思录

洗冤集录

传习录

焚书

菜根谭

增广贤文

呻吟语

了凡四训

龙文鞭影

长物志

智囊全集

天工开物

溪山琴况·琴声十六法

温疫论

明夷待访录·破邪论

陶庵梦忆

西湖梦寻

幼学琼林

笠翁对韵

声律启蒙

老老恒言

随园食单

阅微草堂笔记

格言联璧

曾国藩家书

曾国藩家训

劝学篇

楚辞

文心雕龙

文选

玉台新咏

二十四诗品·续诗品

词品

闲情偶寄

古文观止

聊斋志异

唐宋八大家文钞

浮生六记

三字经·百家姓·千字

　文·弟子规·千家诗

经史百家杂钞